趣宋

靳中原 著

台海出版社

图书在版编目（CIP）数据

趣宋 / 靳中原著 . -- 北京：台海出版社，2024.2（2024.12 重印）
ISBN 978-7-5168-3756-6

Ⅰ . ①趣… Ⅱ . ①靳… Ⅲ . ①中国历史 – 宋代 – 通俗
读物 Ⅳ . ① K244.09

中国国家版本馆 CIP 数据核字 (2023) 第 251582 号

趣宋

著　　者：靳中原	
责任编辑：曹任云	封面设计：自然卷

出版发行：台海出版社

地　　址：北京市东城区景山东街 20 号　　邮政编码：100009

电　　话：010-64041652（发行，邮购）

传　　真：010-84045799（总编室）

网　　址：www.taimeng.org.cn/thcbs/default.htm

E - mail：thcbs@126.com

经　　销：全国各地新华书店

印　　刷：三河市金泰源印务有限公司

本书如有破损、缺页、装订错误，请与本社联系调换

开　　本：880 毫米 ×1230 毫米　　1/32

字　　数：198 千字　　　　　　印　　张：9.25

版　　次：2024 年 2 月第 1 版　　印　　次：2024 年 12 月第 2 次印刷

书　　号：ISBN 978-7-5168-3756-6

定　　价：49.80 元

世界上只有两件事：未知和历史。

宋·佚名《草堂消夏图》

宋·王居正《调鹦图》

宋·赵佶《听琴图》

宋·马远（传）《画雪景》

政和壬辰上元之次夕忽有祥雲拂鬱
低映端門衆皆仰而視之倏有群鶴
飛鳴於空中仍有二鶴對止於鴟尾
之端頗甚閑適餘皆翔翥如應奏節
往來都民無不稽首瞻望嘆異久之
經時不散迤邐歸飛西北隅散感兹
祥瑞故作詩以紀其實
清曉瓢瑤拂彩霓仙禽告瑞忽來儀飄飄
元是三山侶兩兩還呈千歲姿似擬碧鸞
棲寶閣豈同赤鴈集天池徘徊嘹唳當丹
闕故使憧憬庶俗知
御製御畫並書一 下

宋·赵佶《瑞鹤图》

宋·李嵩《天中水戏图》

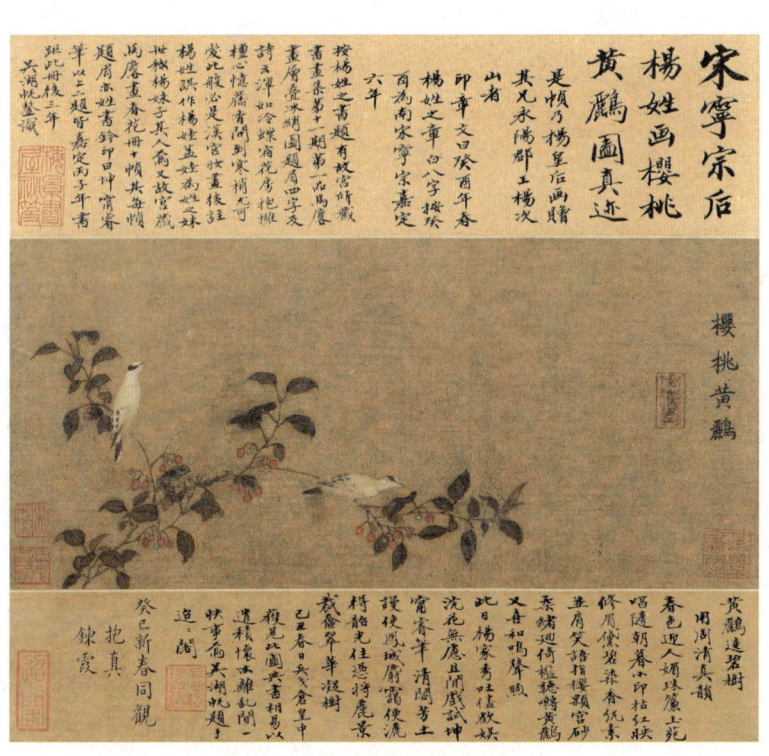

宋·佚名《樱桃黄鹂图》

自序　去宋

历史，看似远在千年前，其实就在脚底下。远近内外存亡，都只是我们的感知。

世界上只有两件事：未知和历史。每一秒我们都在直面未知，每一秒我们都在成为历史。而感知这些，就叫活着。

如果你生在宋朝，会是怎样一种"活着"？

衣食住行、求学求职、婚丧嫁娶、生老病死，你会怎样经历？怎样悲喜？怎样感知"自己"？怎样看待"活着"？

宋代是中国古代历史上的一个黄金时代，经济、文化和科学都高度繁荣。宋代也是中国古代历史上一个重要的转折时期。

很多现代事物在宋代已有雏形：招标、彩票、证券、限购、外卖、夜市……也许追求闲适和风雅的宋代人，与今人的心态最为相似。

在宋朝当文人是幸运的，不像魏晋文人活在强权武人的鼻息下，也不像明清文人活在文字狱的阴影下。宋代"崇文抑武"的国策和"士大夫治天下"的文官制度，让文人能真正实现"修身齐家治国平天下"的人生理想和政治抱负，活得适意而优雅，涌现出很多名传千古的大家。

如果活在宋朝，你会成为一个怎样的人？是戎装戍边？瓦市说书？挥鞭赶牛？还是十年寒窗求取功名？

走过什么样的路，才能成为什么样的人。

中国几千年的历史，是中华文明的发展，亦是我们的成长。

翻开这本书，你是一个现代人活在宋代。

合上这本书，你是一个宋代人活在现代。

目 录

第一章　出生在宋朝

第一节　出生礼 002

第二节　幼升小 007

第三节　第一封信 014

第四节　校园霸凌 020

第五节　下馆子 024

第六节　小升初 030

第七节　买校服 035

第八节　外国人 040

第九节　放假了 045

第十节　拆迁户 050

第十一节　学算术 056

第十二节　遇见苏颂 061

第十三节　冠礼 068

第二章　鲜衣怒马少年时

第一节　是中学生了 ⋯⋯⋯⋯⋯⋯⋯⋯⋯⋯⋯⋯074

第二节　患了痔疮 ⋯⋯⋯⋯⋯⋯⋯⋯⋯⋯⋯⋯⋯079

第三节　发奋学习 ⋯⋯⋯⋯⋯⋯⋯⋯⋯⋯⋯⋯⋯084

第四节　水灾 ⋯⋯⋯⋯⋯⋯⋯⋯⋯⋯⋯⋯⋯⋯⋯088

第五节　打仗了 ⋯⋯⋯⋯⋯⋯⋯⋯⋯⋯⋯⋯⋯⋯095

第六节　保送大学 ⋯⋯⋯⋯⋯⋯⋯⋯⋯⋯⋯⋯⋯101

第七节　暗恋 ⋯⋯⋯⋯⋯⋯⋯⋯⋯⋯⋯⋯⋯⋯⋯108

第八节　月考 ⋯⋯⋯⋯⋯⋯⋯⋯⋯⋯⋯⋯⋯⋯⋯112

第九节　流行歌 ⋯⋯⋯⋯⋯⋯⋯⋯⋯⋯⋯⋯⋯⋯119

第十节　书画课 ⋯⋯⋯⋯⋯⋯⋯⋯⋯⋯⋯⋯⋯⋯124

第十一节　足球赛 ⋯⋯⋯⋯⋯⋯⋯⋯⋯⋯⋯⋯⋯128

第十二节　睡在邻铺的兄弟 ⋯⋯⋯⋯⋯⋯⋯⋯⋯132

第十三节　高考来了 ⋯⋯⋯⋯⋯⋯⋯⋯⋯⋯⋯⋯137

第十四节　榜下捉婿 ⋯⋯⋯⋯⋯⋯⋯⋯⋯⋯⋯⋯142

第三章　身如不系之舟

第一节　琼林宴 150

第二节　分配工作 155

第三节　初入职场 159

第四节　苏轼走了 166

第五节　文人风骨 170

第六节　军神 176

第七节　相亲 180

第八节　婚礼 184

第九节　同学会 191

第十节　得子 196

第十一节　天象 200

第十二节　近视真麻烦 204

第十三节　买房 209

第十四节　炒股 214

第四章　一蓑烟雨任平生

第一节　瓦市 220

第二节　冬至 225

第三节　出轨 228

第四节　国殇 233

第五节　跟风 239

第六节　生死 245

第七节　养生 251

第八节　旅游去 255

第九节　致命疾病 261

第十节　论道 266

第十一节　时序 268

本书参考文献 275

第一章

出生在宋朝

第一节　出生礼

长风捻成线，联系靠大雁。宋朝是个慢时代，急性子有点不宜。

如果你已经心急火燎地来了，出生了，对不起，先等三天。三天后才算你正式来了，给你办一个诞生仪式，这就是所谓的"三朝"。

现在我国重庆和湘西等很多地方还有"打三朝"的习俗，就起源于宋。

这三天里，你放开哭好了。反正也没人在意。当然母亲会陪着你，吃喝管饱。但她的目光大多时候是望向窗外的，望窗外的芭蕉，望窗外的云，就像窗外淡淡的天光。

宋朝的女子多是沉静而忧伤的。

那个时代的日子缓慢而悠长，而窗户就像电视屏幕，给沉寂的家里带来一抹色彩。这三天里你最多只能看见爹爹（宋时对父亲的称呼是爹爹或者父翁）的脊背，看穿着灰袍的他在门口点头躬身迎宾送客。如果你攥拳闭眼铆足劲响亮地哭起来，客人们就会爆发喝彩："虎子！"

虎子当然说的是男孩子，如果生出来的是个女孩呢？恭喜恭喜！你算是赶上好时代了。在中国历代封建王朝里，宋朝女子的社会地位是最高的。据《名公书判清明集》和《宋建隆重详定刑统》（即《宋刑统》）里记载，"在法：父母已亡，儿女分产，女合得男之半"，"在法：妻家所得之财，不在分限，又法：妇人财产，并同夫为主"，明确了女性有自己的财产继承权，夫妻二人共同财产，妻子拥有一半，而且丈夫如果没有能力养活妻子，妻子有权利离婚。什么缠足贯耳也都不是强制的，由你自家议定。

三天后落脐灸囟。去掉脐带残余并用明矾熏灸婴儿囟门，以此表明你正式脱离胎儿时代开启人间旅程。

中国自古就是礼仪之邦，国有吉、凶、军、宾、嘉五礼，人有生、冠、婚、丧、祭五礼，三朝就是五礼之中的生礼。然后父母数红包贺礼，亲友们吃三朝面，而你躺在浴盆里，四周是亲友们"添盆"时放满的银钱喜果，硌得你周身疼，时不时还有人用葱在你身上拍打，说是期望你长大后聪明伶俐。

你刚咧嘴要哭，就见宾客里挤出一个年近半百的老头，举手向四周致意："各位！喝酒的请放下杯，吃菜的请擦擦嘴，老夫要为这聪明二字赋诗一首。"

人群里有人接了一句："大叔，你这半生因诗获罪还不够吗？"

大叔不理那人，只顾吟道："人皆养子望聪明，我被聪明误一生。惟愿孩儿愚且鲁，无灾无难到公卿。"吟完诗，摇摇晃晃地走了。

有人问："这人谁呀？"

有人答："就那谁啦。"

管他是谁，你只管哭就好。如果眼泪有指标，那么这一时期就能用尽。在宋代，男孩子是用来顶门立户的，将来再苦再疼，也只能咬牙面对。

泪里乾坤大，哭时岁月长。不知不觉一个月过去了，这天你一睁眼，就见满屋金红，在你四周围满金银彩画锦缎珠翠，亲朋们聚集一堂，要为你办"洗儿会"，香汤银盆彩线缠绕，谓之"围盆红"。

一白发老妇用银钗搅拌盆中水，名曰"搅盆钗"。然后又要"添盆"，金银干果如雨般落下，你躺在钱堆里，又是豪横又是委屈，还没调整好情绪，又被抱起遍谢宾客，展览完毕又被抱入乳母房中，即所谓"移窠"。

宋朝流行请乳母。古人认为，妇女"产乳众则血枯"，即哺乳多了不利于自己的身体健康。所以宋朝从皇亲贵胄到富庶人家，生孩子后一般都不亲自哺乳，而是通过牙婆（女性中介）找乳母，也叫乳婢。

　　宋人洪迈说过："富人有子不自乳，而使人弃其子而乳之；贫人有子不得自乳，而弃之以乳他人之子。"可见乳母多来自贫困家庭。

　　请乳母时要立契约写明期限和报酬，有些乳母会一直留在雇主家中陪伴孩子成长。如果是女孩还会伴随她出嫁，最后终老于女孩夫家。如果是男孩，乳母就一直留在家中照料家务。古人重礼重情，将乳母和嫡母、继母、慈母、养母、嫁母等并称八母，会为乳母养老送终，并戴孝服丧。

　　古代没有奶粉，那些请不起乳母，母乳又不足的家庭只能四处给孩子拜干妈求奶，或者给孩子喂"陈仓米粥面"，陈仓米指放置一段时间以去寒性的带壳稻米，粥面指粥上面的那层米油。

明·仇英《临宋人画册·嫔妃浴儿》

孩子稍大些脾胃强健些了就能喂面糊菜羹、牛奶羊奶……有苗不愁长，一天天也就长起来了。

"移窠"后，你就有名字了，为了向上天表明你的命卑贱好养，你被大家亲切地称为：狗剩。

如果是女孩，起名则多是姓氏加数字加姐、姑、娘：李二姐、赵四姑、王三娘……或者双双、安安、惜惜之类的叠字，又顺口又好听，念者音清脆，听者耳微甜。

好吧，好歹也有名字了。

你躺在摇篮里，听着大家狗剩狗剩地叫，在脑子里一点点建立起这个发音和自己的联系。

成长是什么？成长就是吃喝拉撒睡，从无声的时间里一点点提炼出肉提炼出骨；就是把窗外的风声雨声鸟鸣声车马声一点点融入意念，一点点开始记忆。

宋朝的风也是缓缓的，天上是汉唐的云，一点点移。

百天了。爹爹为你准备了一身铠甲：百家衣。从各家取一块布片拼合起来缝制成衣，胸前还挂了一把银光闪闪的长命锁。还要吃百家饭，却是大家吃，与你无关。汤水菜肴各种香味袭来，你抽动着小鼻子徒然舔嘴。

这样的折磨周岁时还要来一遍：家里开筵作庆，乳母抱着你桌间穿行，看众人吱溜溜饮酒咯吱吱嚼肉，想吃哪盘吃哪盘，你又委屈了。口水吊线眼泪汪汪地看，就见上次那老头离席站起，举着筷子说："众位乡亲！老苏念一首《猪肉颂》为大家助兴。"说完摇头晃脑念起来："黄州好猪肉，价贱如泥土。贵者不肯吃，贫者不解煮。早晨起来打两碗，饱得自家君莫管。"其间他还把猪肉的做法说了一遍。

在一片碗筷声中，只有厨子注意听了，用心记下将这道菜传到后世，成了名菜"东坡肉"。而你只是饱了眼福，等众人吃饱喝足后，你还要为大家表演节目：试晬，也叫抓周礼。在一片红布上，等距放上金银、官帽、笔砚、算盘、升斗、刀剑、经卷等等，然后把你放到红布上，众人围在四周齐声喊道："狗剩！抓！"

你看了又看，琳琅满目，全都无趣，就懒得抬手。

可大家不依不饶，又是拉胳膊又是拍屁股，你哭起来，可怜巴巴地看着父母，可他俩也不体谅你，也跟着众人喊："剩儿！抓！"你只好闭眼一抓。

四周响起一片叫好声：你手里抓着的，是个金元宝。

第二节　幼升小

"上学是不可能的，这辈子都不可能上学的。"你刚发此豪言，就被父亲提着耳朵拎进了学堂。你已经四岁了，平日里追鸡赶猫一刻不闲，邻里们亲切地称你为：狗都烦。

古人把儿童时期的认知混沌状态称为"蒙"，把这一阶段的教育称为启蒙、开蒙、养蒙。

先秦时期的《周易》就提出"蒙以养正"的观点，认为启蒙要以养成优良的品格为目标。南北朝时颜之推提出教育要尽早："当及婴稚，识人颜色，知人喜怒，便加教诲。"意思是孩子能看懂大人脸色时就要开始教育了。

最早的幼儿园是西周时的孺子室，保育和教养王室后代。先秦时期学前教育开始普及，孔子认为，"少成若天性，习惯之为常"，即儿童从小就要养成好习惯，所以古人要对四到七岁的孩子开始蒙学教育。到宋时有了官办的育幼场所"慈幼局""举子仓"，主要收养孤儿弃婴，"为贫而弃子者设"。而大部分学龄前儿童则是在家接受亲授或师传，主要是识字练字的"书学"。古人认为："蒙养之时，识字为先，不必遽读书，先取象形、指事之纯体教之。"照着描就是了！

但古人又认为："八岁八糊涂，岁岁都糊涂。"所以一般入学都在八岁之后至十五岁之间，大龄入学很常见，《魏书·刘兰传》记载，北魏人刘兰"年三十余，始入小学"。也有根据家庭经济和孩子状况提前入学的，如药王孙思邈就是"七岁就学"，已能"日诵千余言"，被称为"圣童"。

而你也和圣童一样，满七岁直接幼升小，成为一名光荣的小学生了。

古代的开学季有"暑小退"的八月、"砚冰冻"的十一月，私塾招生一般在冬季。

《北史·李铉传》中记载："常春夏务农，冬乃入学。"招生条件宽泛：年龄不限，入学后不分班，程度不同教材不同，老师分别点句教读后各自读写；户口不限，孔子提倡"有教无类"，只要想学，就满足他！私塾多为塾师自己办的学馆，多求生源旺盛。所以学费是必须的。

学费有束脩、贽敬和节敬三项。

束脩指给塾师的报酬，以钱粮为主；贽敬指入学时给塾师敬献的礼物；节敬也叫节仪，一般为"三节两寿"：端午、中秋、年节和孔子诞辰日、塾师生日。

《论语》中有句，"自行束脩以上，吾未尝无诲焉"，意思是给十条肉干就教你。私塾学费没有统一规定，多由双方议定，家中贫困的还可以用粮食或劳务代偿。

家塾的塾师多由东家管饭，有些以地租或捐款兴办的义塾也给学生管饭。现代的学生有营养餐，而古代大多数小学生在学堂里能花式品尝且管饱的，只有戒尺。

宋代的街道两边是各种私塾。

宋太祖以仁治天下，礼遇儒生，发展科举，立下了"不杀读书人"的祖训。宋朝一百多年间未曾杀过儒生，所以宋代的私塾教育十分兴盛。

女孩子也是可以上私塾的，除了官方开办的学馆不招收女生，家族学馆或者先生在自己家坐馆的都收女生。女子除了识文断字还要修习一门才艺：茶道、歌舞、棋艺、刺绣、厨艺等等。

才艺佳者被称为"本事人"，长大后可以应聘到官宦大户做伴读、琴童、棋童、厨娘、茶艺师、针线人，还可以当职业演员，这些在当时都属于高薪白领。

据《江行杂录》记载，有位退休高官从京都请来一位厨娘，在家乡办了一次酒席，这位厨娘"年可二十，能书会算，颇具姿色"，而且厨艺高超，做的食物馨香脆美，清新细腻，食者筷子举处，盘中一扫而光。这一顿饭花费绢帛百匹，钱二三百千，可谓是天价大厨了。

中国历史上，直到民国才开始男女同校。所以作为大宋少年，你想偷看一眼同桌，只能看见一个和你一样的呆憨——张嘴瞪眼，鼻涕妖娆地飘。

你上的学堂在巷尾僻处，门上四个大字：福善义学。是附近几条街少年的休闲散心所在。

义学就是义塾。义塾是中国古代由官方或宗族设立的免费学校，是教孩子们认字识数的开蒙之学，部分功能也相当于现在的幼儿园。义塾最早由宋朝名相范仲淹于皇祐元年（1049年）创立。

范公一生倡导"复古兴学校，取士本行实"，把"兴学"作为培养人才、救世济民的基本手段，他用一生积蓄购买良田千顷成立范氏义庄，对族中子弟实行免费教育。在他的影响下，各地乡贤纷纷设立宗族学堂，时谓"盛美之事"，开启了中国古代的义务教育风气，继承和发扬了儒家正统的教育思想。

爹爹也曾请过几个先生到家教你，都是拿着本《千字文》摇头晃脑地读，读完一晔眼，先生都走了。一年下来，你大字不识几个。也去过几个高价私塾，但那里不但教材多，还要读书、描红、作文，你就困倦了。先生看你这懒样，怕你影响到学堂的科举上线率，坚决要你退学。

啥？那个时候也有上线率？

宋朝的科举上线率，远小于今日清北的录取率。考生要通过三层筛选：发解试、省试和殿试。绝大多数的考生倒在了第一层

明·仇英《临宋人画册·孟母教子图》

发解试上。

治平三年（1066年），宋英宗诏曰："所有礼部奏名进士以三百人为额，明经诸科不得过进士之数。"（进士最多录取三百人，其他科目不能超过此数。）而参加考试的人数是多少呢？天下诸州军镇秀才二十余万人，春御前就试只取三百人，约千中取一。录取率只有千分之一。

到宋朝末期，每年应举考生约四十万，加上准备应举的考生全国则近百万。隋唐时每年举办科举考试，至宋时因为报考人数增多而官位少，将科举考试改为三年一次。而且宋朝时因为各地教育程度不均，分配给各地的录取名额不一，造成有人钻各种政策空子去异地参加科考。

谁能通过严酷的科举考试，谁就是真正的人中才俊。

从私塾退学时，爹爹对先生说："孔子说过，只要学生真心求学，哪怕只拿了一点点见面礼，我也会好好教！"

先生答："你之前送的肉干和学费都可以退！"

罢了。你退了私塾，去义塾上学了。

福善义塾的老师是个眼花耳聋的老秀才，根本管不住学生们："八九顽童一草庐，土朱勤点七言书。晚听学长吹樵笛，国子先生殆不知。"

你倒也过得逍遥自在。

这天，塾里来了位杨时先生。他很不赞成老秀才的教学理念，二人时常辩论。

老秀才："作文须精穷文义。"

杨先生："文须要人体会，不在推寻文义。就像为师表者，只于行止疾徐之间教人做事。"

杨先生来了之后，因材施教，从容耐心，渐渐将一众顽童管得服帖了。

除了在此教学，杨先生还要四处讲学。

他走时告诉你，所有的理和德其实都在人的心中，只要你不断开发自己的心，不断提升自己的人格修养，你也可以成为像孔子那样的圣人。

你吃惊了，问杨先生："我也可以吗？"

先生肯定地点点头。你看着先生远去的背影，在心里自问：可是……为什么要成为圣人呢？

小伙伴见你站着发呆，也陪着你望着远方。像古今所有的好朋友一样，他一会儿看看云，一会儿看看你。

他觉得云近，而你更近，就猛拍你一掌："走，咱们去推枣磨！"

推枣磨是一种宋朝时孩子们常玩的游戏——取三颗大枣，将其中一颗削出枣核，将另外两颗插在一根竹篾两端，然后将这根竹篾放在枣核的尖顶上，找到平衡，再旋转，看枣磨倒在谁那边。

那时的孩子很会玩：千千车、鞭春牛、双陆、竹马、放风鸢……如果你是女孩子，那么这些队伍里肯定会有你：相银杏、猜糖、吹叫儿、打娇惜……你还会有一对"磨喝乐"。这是一种以梵文音译为名的木偶，制作精巧，堪称宋朝版的芭比娃娃，宋朝时人们如果想夸哪个孩子长得可爱迷人，就会说"生得磨喝乐模样"。

义塾的老秀才看着你们在城郊田野上撒欢叫喊，拈须微笑。

他古板他迂腐，但他用一颗慈心，让孩子们玩在了起跑线上。

第三节　第一封信

宋朝小学生的课本有教识字的《三字经》《百家姓》《千字文》，有教思想品德的《童蒙训》《名贤集》《戒子通录》，有教历史的《蒙求》《史学提要》《十七史蒙求》，有教诗歌的《训蒙诗》《千家诗》，还有教博物的《名物蒙求》《小学绀珠》……

课本多，老师要求更多。

读书要"不可误一字，不可少一字，不可多一字，不可倒一字"，写字要"一笔一画，严正分明，不可潦草"，书桌要"洁净端正"，上课要"正身体，对书册，详缓看字，仔细分明读之"，行为举止要"步立必正，视听必端，言语必谨，容貌必庄，衣冠必整，饮食必节，出入必省"，等等，规矩繁多。

上学好辛苦！偏偏还有个她，总是捉弄你。

宋・苏汉臣（传）《冬日婴戏图》

同龄的你们俩常因吵闹被罚，两人怒目相向，鼻涕吊得长了就同时一吸溜，动作整齐划一。

忽然有一天她要走了，随父母迁往西川路。

西川路位于现在的四川中西部，与开封天遥地远。北宋时将全国划分为十五路，后又分为二十四路，级别相当于现在的省，下辖府、州、军、监等行政区。

你一下觉得解脱了。高兴之余又有一丝空落落的感觉，就像吃饭时捏着筷子，却找不到碗了。

她也是。两个人默默站立，不知道该怎样告别。

最后她说："常写信。"

你点头："嗯。"又问："信怎么写？"

古代的书信格式复杂。

宋朝时按照往来双方的不同身份，有十种不同的书信格式，称呼、寒暄、开头、结尾都有详细规定，还有《书叙指南》《司马氏书仪》等专门指导写信礼仪的工具书。

那时一封信有九个部分：具礼、称谓、题称、前介、本事、祝颂、结束、日期和署押，称为九段式书写法。

信件开头的具礼（对收信人的尊敬之语）要写惶恐、顿首、再拜、端肃、稽首等敬语，结束时还要写谨拜复不备、谨此叙复不宣、匆匆不宣、谨上状不次、谨状等敬语，最后还附加行礼：某顿首再拜、某顿首、某惶恐再拜、某悚息再拜、某手启、某手状……

而你和你的小伙伴们，哪里懂得这些规矩！

但她会，并认认真真教给你，还让你复述一遍，以示记住了。

她说："昨晚专门让爹爹教我的！"

你记住了，并现场示范："我现在就写一封信，你看对不对——"你当即写了一封。

狗剩顿首（具礼），鸭蛋妹妹（称谓）：

搬到新家怎么样，高兴不？（前介）

我昨晚梦见你变成了一只肥鹅，很担心，请你摸摸自己的嘴是扁是尖。（本事）

乞千万珍重（祝颂）。

匆匆不宣（结束）。

狗剩拜上（署押）。

西川路鸭蛋左右（题称）。

某年某月（日期）。

她举手要打，又垂下胳膊无言地看着你，嘴唇还笑着，眼神却很悲伤。

古时交通不便，这一去山高水远，很可能就是永别了，尤其是战乱时，所以古人说："家书抵万金。"

不过好在宋朝时的邮递行业比隋唐时已大有发展，有官方的递铺和民间的便人、专人快递。

宋时经济强盛，商业发达，沿路旅店大大增加，另外因为寺庙的世俗化，物资转运、旅人歇脚都可以借助遍布全国的寺院，给书信传递带来了很大的方便。

宋朝有专门负责官方公文书信传递的进奏司，邮件递送、信息保密都有专门规定。普通文书称为常程公事，可以步行传递，规定日行二百里。急件称为急递文字，以马匹骑送。

急件分为三档，赦降（皇帝大赦天下的诏书）需日行五百里。事关军机盗匪的文书分急脚递和马递，急脚递日行四百里，马递日行三百里。

铺兵（递送公文的兵卒）如果违误了期限，不满一个时辰的用鞭杖打五十，满一个时辰打八十，迟一天打一百，迟两天打二百，判徒刑（强制劳役）三年，弄丢或损毁了重要公文的可判死刑。

有了严格的管理制度，宋朝的邮递系统运转效率颇高。

所以宋人超爱写信，仅《全宋文》《全宋文补编》就记载了两万封书信。将往来书信整理成文集的有《溪堂师友尺牍》《常山遗札》《范文正公尺牍》《致公蕴知县尺牍》（尺牍是信的别称）等。这些书信记录国事家事、柴米油盐、评诗论道，形成了宋朝特有的书信文化。

官员士大夫的私人信件也可以随公文"附递"。而民间的信件不能使用快递铺，只能由便人或专人递送。便人递送就是找官员士大夫的朋友幕僚、往返的商旅或官府的差役顺路捎带。专人则指紧急重要的信件找人专门送达。

宋时商业十分发达，酒茶糖盐、瓷器丝绸、粮食药材等商品全国流通，托这些商旅捎信带物很常见，而常走西川路的最大商队就是马帮。

马帮是由民间商贩组成的骡马运输队，队长称为马锅头，马头绑一面镜子用来映照前路凶险情况，身后背一口铁锅负责马队吃喝。马帮活动在藏、川、滇地区，以贩运盐茶酒为主。

早在唐代时，生活在青藏高原的吐蕃部落就盛行饮茶之风，"无人不饮，无时不饮"，但产茶的川滇等地山高林密、壁峭涧深，商人们自发组成马队，才得以将川茶滇茶运入康藏，踏出了一条茶马古道。除了边境的茶马互市，宋时实行酿酒卖酒均为官营的榷酒制度。有了国家扶持，酿酒业无论技艺还是规模都有了空前发展，而当时最好的贡酒官窑位于贵州赤水河畔，那里盛产美酒但是缺盐，盐贵至"斗米斤盐"（一斗米换一斤盐），需要从四川运入，就有船帮、盐帮、马帮等团队将"锅巴盐"运入贵州，将"枸酱"（就是现今茅台酒的前身）运往外地，"枸酱"从此名扬天下。

商人逐利为生，宋朝时马帮的活动范围已遍及西南西北，经手的商品间接销售至江南沿海、安南暹罗，是当时重要的商业组织。

所以，通信应该并不难，你很有信心。她走后不久你就依约写信，这一写才知道：格式什么的都简单，关键是写些什么呢？

写了句"许久不见，甚是想念"，你就词穷了。

好不容易凑够了一页，这才发现：她走时没给你留具体地址。

没写过信就是这样，最重要的反而忘了。

你怅然望天，一队雁正列队飞过头顶。你喊："帮我捎封信给她！"

雁应了一声，也就仅仅是应了一声。

呆呆看着雁字渐小，你心里感觉闷闷的，你和她从此失联。

第四节　校园霸凌

你和同桌默默对望。

你对好友的要求是：坏而深情。这样你们俩就能并肩携手，把砌天的砖也掏一块下来。

他却有些腼腆，一只手总挡在嘴前，躲闪着你和班上众顽童的目光。有情况！大家一拥而上拉开他的手一看：原来是兔唇。

宋时把兔唇称为兔缺。汉书《淮南子》中记载，孕妇看见兔子会导致胎儿出现唇缺，所以古人孕期禁食兔肉。兔唇因为位于面部，会给人带来巨大的心理负担。《晋书》记载，晋人魏咏之"生而兔缺"，对家里人说过："残丑如此，用活何为！"（长成这个样，活着有什么意思！）

同桌因为兔缺而自卑，看他挡嘴低头走路，顽童们叫他"三瓣"，围着他起哄，强扳他深低的头。

你挺身把他救出。也许是因为从小孤单，他很少说话，只感激地冲你笑笑，一只手仍掩在唇前。

现在你是他的保护神，谁敢欺负他都会遭到你的无情打击，甚至谁故意以墨涂嘴、故意说话漏风，看见你眼睛瞪起来，也讪讪退散了。

古代一样有欺凌现象。

李白在诗中写道："韩信在淮阴，少年相欺凌。"可见韩信年少时便受人欺凌。《论语》中记载，子贡对孔子说："我不欲人之加诸我也，吾亦欲无加诸人。"（我不想别人欺负我，我也不想欺负别人。）估计也是被同学欺负了，变着法向老师告状。结果孔子答："非尔所及也。"（这不是你所能做到的。）看来老师也没有办法。

唐睿宗时期国子监有一些骄横的学生，目无尊长，欺负同学。当时任国子祭酒的阳峤对他们施以鞭打管教，这些学生竟趁着夜色把阳峤群殴了一顿。皇上知道后将这些人全部杖杀，这才把国子监的校风整肃过来。

古代尊崇儒学，对付校园欺凌也是以德行教育为主："爱人者，人恒爱之；敬人者，人恒敬之""己所不欲，勿施于人"……如果攻其心无效，就只能结合体罚：罚抄书罚站罚跪。都不行时，戒尺上。对顽劣者来说，戒尺才是真正的老师。

如果欺凌后果严重，造成人身伤害了，古代也有针对未成年人的法律规定。秦律规定身高不满六尺（约一米）的儿童不追究法律责任。《汉书·刑法志》规定："年未满七岁，贼斗杀人及犯殊死者，上廷尉以闻，得减死。"年满七岁的如果犯罪，最终判决需由廷尉给出，可减除死刑。

　　《唐律》规定十至十五岁的少年犯罪可减轻处罚，还可以用赎金代替，七至十岁则只对反逆、杀人、盗及伤人这几种处罚，仍可用赎金代替，七岁以下的即使犯了死罪也不处罚。

　　一天，兔缺同桌忽然不来上学了，以保护者自居的你颇感失落，就跑去他家打探。他告诉你：家人听说浠水有位名医庞安

宋·苏汉臣《秋庭婴戏图》

时，要带着他去求医，看能否修复兔唇。

古代也有整形手术，魏晋时就已出现有记载的兔唇修补手术。前面说的魏咏之听说荆州刺史殷仲堪帐下有名医能治，就跋涉千里去整形。医生告诉他，可以"割而补之"，但术后百日只能喝粥不能讲话。魏咏之答："即使半生不说话还剩半生，何况只是百日？"他凭着坚强的毅力，强忍疼痛，严遵医嘱，百日后伤口愈合，修复成功。

宋代手术时的麻醉技术已有很高水准，《扁鹊心书》中记载了一种名为"睡圣散"的麻醉药："人难忍艾火灸痛，服此即昏睡，不知痛，亦不伤人。"

宋时的儿科诊治水平较前代有很大发展，朝廷在太医局专设儿科"小方脉"，有《小儿药证直诀》《阎氏小儿方论》《小儿医方妙选》等儿科医著，对麻（麻疹）、痘（痘疮）、惊（惊痫）、疳（寄生虫）等儿科常见病症有很多中医验方。

宋朝官府还设立"慈幼局"收养那些因为残障或其他原因被遗弃的婴儿。儿科医著《小儿卫生总微论方》中对很多先天畸形如"并指、缺唇、侏儒、肢废"等都有论述。那时的中医外科手术水平很高，对一些眼耳口鼻疾病如"花翳白陷"（角膜溃疡）、"蟹睛"（虹膜脱出）、"障翳"（白内障）等都能手术，甚至还能做"骨移植术"。《夷坚志》记载了一例颌骨移植手术，患者术后存活了二十余年。

你不懂医学，但懂一个道理：专业的事，要让专业的人去做。

你问他："这个庞安时水平怎样？"

他说："我听爹爹说他也是残疾，年纪轻轻就聋了，然后苦学医术，就觉得他一定能治好我。"

你理解。好朋友就是这样：未开口前，就已认同。

告别时你特意叮嘱他记住你的地址，写信告知治疗情况。他使劲点头。

他却跟她一样，再无音信。

第五节　下馆子

宋朝的私塾都没有校服，家里给你新做的衣服，没几天就变成抹布了。

给你新买的搭罗儿（宋朝时儿童戴的发圈状无顶凉帽，由彩帛制成），被你套在了邻家的狗头上，这让该狗很忧伤，总把脑袋藏到门后头。

给你做的白凉衫（一种绸制窄衫），几天过去就成彩衣，以两袖两肘两襟色彩最艳。

给你做的兜袜（一种布袜，将数层布叠合用细线纳缝，可防冻保暖），被你插到门前堆的雪人头顶当耳朵。

给你买的棕鞋，你晴也穿雨也穿，鞋帮的蒲草四散，像两只刺猬。

爹爹问你："木屐呢？"（木屐是宋人的雨鞋）你努力思索然后抬眼看屋顶，木屐被你和小伙伴追打时扔上了房顶。

爹爹用圣人之言教诲你，最后发现，还是揍一顿管事。揍完他又心疼了，决定带你去下馆子，让你开心开心。

宋人的嘴，是当时世界上最幸福的嘴，烹、烧、溜、爆、炒、煮、炖、卤、腊、蒸……这些秘技都是宋朝时发展成熟起来的。

宋时经济发展，社会繁荣，人口从初时的三千多万增长到过亿，而且当时先进的工艺技术可以铸造出薄薄的铁锅，这让厨子们可以大展身手了。

宋时已经有了现在人见人爱的火锅，那时称"古董羹"，名字来自食料投入沸水时的"咕咚"声。文人对火锅有更文艺的叫法：拨霞供。

宋书《山家清供》中描述兔肉火锅："以风炉安座上，用水少半铫（半锅水）。候汤响一杯后，各分一箸，令自夹入汤、摆（涮）熟、啖（吃）之，及随宜各以汁供（各人自用调料）。"肉色如霞，香鲜热辣。

原始人没锅，只能烤个狮串、虎鞭什么的解解馋。到汉代时有了正儿八经的烧烤，汉代壁画中的烤串比现代的要实惠很多：有拳头大的肉块！

宋代时的烧烤有烤串和全烤两种，又分烟熏、火烤、炭煨、石烹（类似铁板烧）等不同工艺。其中烤臆子（烤胸叉肉）、炙子骨头（烤肋肉）、炙金肠（烤羊肠）等名吃传至今日。《岁时杂记》中记述："京人十月朔沃酒，及炙脔肉于炉中，围坐饮啖。"喝酒撸串，好生受用！

古时没有冰箱，人们在冬天时取冰储存于冰窖冰井中备用，杨万里诗中写道："北人冰雪作生涯，冰雪一窖活一家。"可见其利润之丰。到三伏天时，"卖冰一声隔水来，行人未吃心眼开"。啃冰块吗？《武林旧事》《梦粱录》中记载了很多宋代的冷饮："雪泡豆儿水、紫苏饮、甘豆糖、荔枝膏……"还有用水果、牛奶、药茶和冰块制成的"冰酪"，相当于现在的冰激凌，吃起来"似腻还成爽，才凝又欲飘。玉来盘底碎，雪到口边消"。

街上这么多美食对列，在家做饭多憋屈！市民就常常出来游玩："市井经济之家，往往只于市店旋买饮食，不置家蔬。"有

清·冯宁《仿杨大章画宋院本〈金陵图〉》（局部）

钱的去大型庄馆的"正店",讲究的去"卖贵细下酒,迎接中贵饮食"的"脚店",大多数人则去相当于大排档的"分荣"。烟雾缭绕五味杂陈,要的就是这种烟火气!

北宋时对女子出行的禁锢较少。《东京梦华录》记载:"向晚,贵家妇女纵赏关赌,入场观看,入市店饮宴,惯习成风,不相笑讶……小民虽贫者,亦须新洁衣服,把酒相酬尔。"意思是女子在节日里可以逛街下馆子,还能喝两杯。

东京城是当时的美食之都。大街上的酒楼饭店鳞次栉比,家家装饰豪华,十分显眼:"其门首,以枋木及花样沓结缚如山棚,上挂半边猪羊,一带近里门面窗牖,皆朱绿五彩装饰,谓之'欢门'。每店各有厅院,东西廊庑,称呼坐次。"门口装饰着彩棚,挂着半边猪羊,店内雅间排列。

最有名的当数坐落在皇宫西侧的樊楼："三层相高，五楼相向，各有飞桥栏槛，明暗相通，珠帘绣额，灯烛晃耀。"楼内明廊暗巷，装饰精美。

一进饭店大门，就有店伙笑脸相迎，端茶引位，奉上菜单："客坐，则一人执箸纸，遍问坐客。都人侈纵，百端呼索，或热或冷，或温或整，或绝冷、精浇、膘浇之类，人人索唤不同。"服务员会拿纸记下客人要求，热冷肥瘦，个个不同。

无论如何役使，店伙们都是殷勤热情，服务周到，因为一旦被客人投诉，轻则被店主呵斥，重则被扣工钱甚至炒鱿鱼。

你打开菜单，顿觉满目鲜香：还元腰子、鹅鸭排蒸、羊头签、炒蛤蜊、虚汁垂丝羊头、荔枝腰子、炒蟹、石肚羹、葱泼兔、入炉细项、金丝肚羹、生炒肺、鸡签、莲花鸭签、煎鹌子、炒兔、酒炙肚胘、假野狐……

这一刻，视觉有了香味，文字有了色泽，想象像露水凝于脑壁，然后滴了下来。

你咕咚一声咽下口水。

伙计端上菜来，你刚举起筷子要开动，被爹爹拦住："这是看菜，不能吃的。"

垂手站在桌边的伙计轻咳一声，忍住笑容。你放下筷子端坐，神情平静。

等到细菜上来，看爹爹拿起筷子，你这才学样拿起。

这时伙计介绍酒店美酒："琼浆酒、流霞酒、美禄酒、玉髓酒、羊羔酒……"名目繁多，其实都是低度的米酒和果酒。

宋人的喝酒方式五花八门，有囚饮、鳖饮、鹤饮、牛饮、鬼饮、了饮等，还有对饮、豪饮、轰饮、剧饮、酣饮等。饮酒讲究良辰美酒、歌舞音乐："烛光香雾，歌吹杂作，客皆恍然如仙游也。"由此看来古今的酒徒，品位大致相同。

你也想豪饮，可惜爹爹只给你点了一碗"熟水"。相当于现在的果汁饮料。

宋朝的饮料以汤为多：无尘汤、荔枝汤、香苏汤、桂花汤、乌梅汤、木樨汤……还有用牛乳、马乳、驴乳、羊乳做成的乳奶，驴乳冷利，羊乳温补，你难以选择吗？那就点一份豆乳吧。嫌有豆腥气？那就再点一份"凉水"。它不是真的凉水，而是瀌梨浆、姜蜜水、绿豆水、椰子水、雪泡缩皮饮、紫苏饮、杏酥饮……

好吧，先吃。没有酒有什么关系呢？你提筷运嘴，吃醉了。

奈何你的容积有限，虽然仍努力想填丝塞缝，终究还是"呃"一声，吃到嗓子眼，饱了。

走出酒楼，你和爹爹散步消食。

入夜的东京熙熙攘攘，有诗形容："夜市千灯照碧云，高楼红袖客纷纷。"两边街上遍布铺席门店，灯火通明。长达数十里的马行街上，因为灯烛的油烟气，夏天时整条街上都没有蚊子。

车马拥挤，摩肩接踵，提瓶卖茶的，卖吃食玩具的，卖唱的，穿着道袍算卦的……各种行当各种声音各种人物，在你眼前汇集成迷离的光影。爹爹忽然停下来，看一群人正围着一个人哄然叫好。

爹爹对你说："这是一个卖酸文的。如果你不好好读书，将来就只能这样卖诗为生。"

你忙挤进人堆里看，见一张方桌，桌边立挑着两个画有人眼的圆球，桌后坐着一位衣衫破旧的老秀才，一个人正往桌上排开一把铜钱，让老秀才以浪花为题以红字为韵作诗。那人说："若有停顿，罚钱一半。"

老秀才昂首念道："万里波心谁折得？夕阳影里碎残红。"

四周一片叫好声。在回家的路上，你对爹爹说："作诗有何难？老秀才也教过我！他作得，我也作得！"

爹爹笑了："那就以今晚之景为题，来一首！"

你咳嗽一声："小肚圆圆装不下，心里空空风扬沙。逛街玩耍下馆子，不到日落不归家。"

第六节　小升初

爹爹听了你的诗，眉头皱起。他沉吟一会儿说："你也大了，不能还在义塾混日子。现在你面前有三条路，一条是学门手艺，一条是入官学。"

你问第三条路。他说："入书院。"

想了想他又说："这个……可能比较难。"

宋朝时的教育体制比较灵活。你可以在蒙学上幼儿园和小学，在府县官学上中学然后参加科举，也可以在家塾私塾或者书院内一条龙上到参加科举。那时的书院相当于今日的顶级民办中学，不像太学那样限制学生出身，只以品德和才学为入学选拔标准。

书院一般在农历八月或十一月招生开学。古代书院多为名士大儒为普及平民教育而开办，招生没有门槛、户籍等限制，不论贫富不分地域，只要有才均可入学，而且不收一文钱学费。《文昌书院记》中记载："凡越巂生童，不需一束，均得入院肄业，按月观课，捐廉奖赏，作育人材，大公无类。"

北宋时的六大名校是：

茅山书院，位于江苏句容三茅山；

嵩阳书院，位于河南登封太室山；

石鼓书院，位于湖南衡阳石鼓山；

白鹿洞书院，位于江西庐山五老峰下；

应天府书院，位于河南商丘，又称睢阳书院；

岳麓书院，位于湖南长沙岳麓山。

其中应天府书院离你最近，科举上线率也最高。

《宋史》记载，学者戚同文在应天府书院聚徒讲学，同文因擅"场屋之文"，四方之士竞相投入门下。"登第者五六十人。宗度、许骧、陈象舆、高象先、郭成范、王砺、滕涉皆践台阁。"场屋之文代指科举考试的命题作文，台阁代指尚书台等中央机构。

宋朝时的官学分为太学和地方州县的官学。

太学是最高学府，学生名额只有二百人，熙宁四年（1071年）王安石颁布科举新法，设立"三舍法"，将太学分为外舍、内舍和上舍，每年年终考试优异者可逐级升学，到上舍时成绩优良者可直接授官，学生名额也增加到了上千名。

太学除了讲授《三经新义》，还设武学讲授兵法，设律学讲授法律律义，设医学讲授医药病理。只是生源仅限官员子弟，地方士子只能望门兴叹。

而地方则设置州学、县学，"诏诸路州府军监，除旧有学外，余并各令立学，如学者二百人以上，许更置县学"。皇帝诏令各地增建学校，逐渐形成了"虽荒郡县，必有学"的教育盛况。

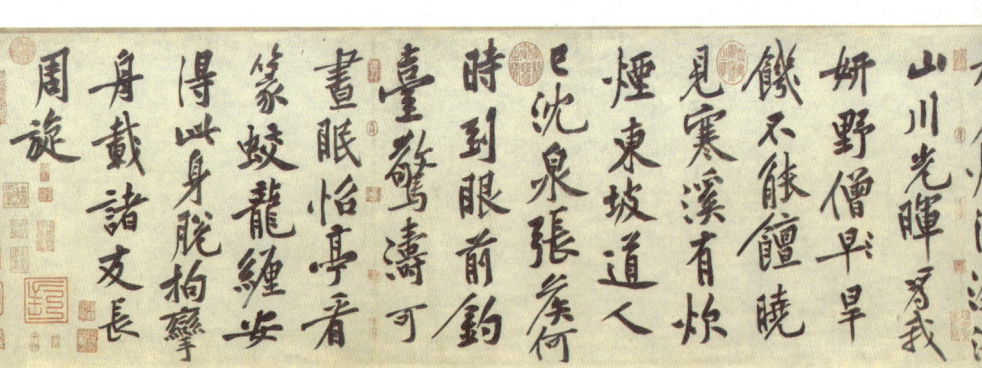

宋·黄庭坚《行书〈松风阁诗卷〉》

义塾毕竟只是管孩子的幼儿园和小学。以你的水平上书院，相当于现在的小学一年级直接跨级升初中了。

命运的三岔路口，没有路标。你还是第一次面临这样的重大抉择。

深思熟虑后你说："要不不读书了？我可以去当厨子。"

事实证明，当父母让你放手一选时，其实你根本就没得选。

第二天，爹爹租了辆驴车，带你去应天府书院应试。他认为：人还是要有志向，说不定就……考上了呢？

一路上他似乎比你还紧张，一会儿帮你整理头巾，一会儿给你叮咛面试注意事项。他说："爹那会儿，太学上不了，县学教不了，没有名师指点，多次科举不中。你现在比我那时条件好多了，当什么厨子，要当状元！"

应天府书院由后晋时杨悫创办的私学发展而来。

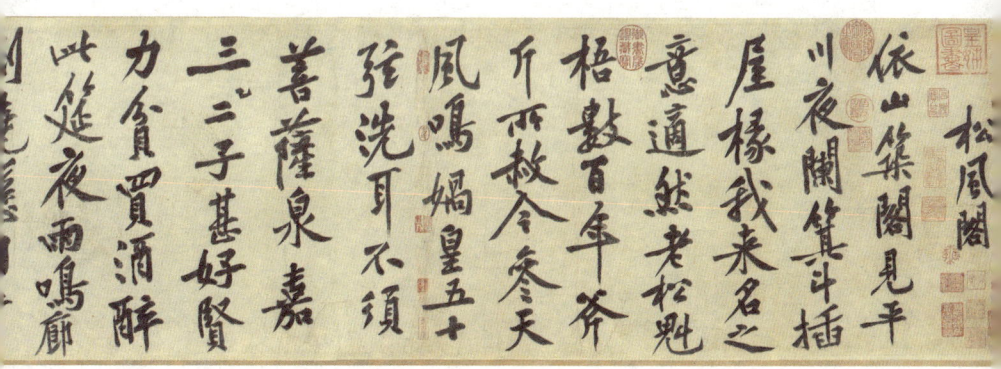

宋仁宗时文学家晏殊出任应天知府，聘请著名学者王洙、范仲淹为书院"说书"，从此应天府书院"其名声著天下"。《宋史》记载："自五代以来，天下学校废，兴学自殊（晏殊）始。"其后二十多年里，应天府书院学子"相继登科"，仅北宋有据可查的状元就出了七位，从此该校跃居北宋六大名校之首。

应天府书院环境幽静，雕梁画栋隐于参天大树之间，小河流水的潺潺声和一阵阵的朗朗读书声，顿让人耳目一新。

面试你的老师是在此讲学的黄庭坚。

黄庭坚字鲁直，号山谷道人、豫章先生，是宋时著名的文学家、书法家，其书法位列"宋四家"之一，诗文与苏轼齐名，世人称"苏黄"。不少来应试的学生被黄先生的名头吓倒，面试时未及开口先自畏缩，就你没有。

因为你读书少，根本就不知道面前这位就是名震天下的黄山谷。

黄先生念了两句诗让你对："桃李春风一杯酒，江湖夜雨十年灯。"

老秀才虽然管得不严，但整日吟诗作对给你也灌输了不少。

你昂然对道："空谷幽兰不吭声，好雨一月长成葱。"

黄先生瞪眼张嘴，他快速调整了自己的情绪，又出一对："桑养蚕，蚕结茧，茧抽丝，丝织锦绣。"

这是一道联珠对，也叫连连对、顶针对，用前一句最后一个字或词，作为下一句的开头。经典的顶针联如："千古流，千古楼，千古楼上望千古流，流楼共千古；人月印，人月影，人月影里合人月印，印影同人月""山羊上山，山碰山羊角；水牛下水，水没水牛腰"等等。

很难吗？你微微一笑："人养牛，牛拉屎，屎肥田，田结稻粱。"

黄先生听罢大笑："此子似我，鲁直！老师再教你一对：草藏兔，兔生毫，毫扎笔，笔写文章。"

竟然就这样被录取了。

第七节　买校服

孔雀如果褪去羽毛，就是一只矜持的肥鸡。这说明包装很重要。

上学前爹爹带你去买衣服。现在你是名校生了，要注意仪容。

如果你是女孩子，爱美自是天性，这一点古今相同。如果你是男孩子，那么从这一刻起，你走在路上，要克服上树的冲动，开始从容而矜持地走，像有镜头迎着你，像有风扬起你的冠巾。

宋朝时男子戴的冠巾品种和式样繁多，先说冠：皇帝戴的叫通天冠、承天冠，王公显贵戴貂冠，士大夫戴紫檀冠、平天冠、进贤冠、缁冠、道冠，武官戴武冠，舞者戴卷云冠，隐士戴铁冠，道士戴七星黑冠。除了冠还有帽：京纱帽、东坡帽、衫帽、桐帽、锦帽、鹅帽、席帽、裁帽、狼头帽、销金帽……

与古人相比，现代男人们就太不讲究了，除了制帽、鸭舌帽、棒球帽，就只有御寒的毛线帽、皮帽了。不仅仅是帽子，不少男性一过中年，连假发都不戴了。

再说巾。宋朝时把头巾称为幞头，也叫"折上巾""四脚"。士人佩戴的巾称为儒巾、逍遥巾、纶巾、燕尾巾，巾后还缀有飘带；武士除了头巾还流行抹额：用彩色布条系在额头；艺人则系红巾、青巾；一般老百姓则用黑布裹头，称为"黔首"。宋朝时人们走在街上，只看头巾就能一眼辨识出身份、职业来。

宋朝时男子还流行在头巾上簪以金银、绢花或者鲜花。此风俗源自唐代：科举后选几名"探花郎"骑马到长安各处采摘名花，让新科进士们戴在头上去参加"探花宴"。据说在美国旧金山的唐人街，从前还有男人戴花的风俗，应该也是唐宋遗风。

哪个少年没有过求新求怪的非主流心思呢？你左挑右拣，最后被爹爹用一块青纱纶巾扣到头顶："稳重大方，就它了。"

接下来买衣服。

宋朝时男人的衣服分为上衣下裳。时人有诗云："哀哉中截锦绣段，上襦下裳各一半。"一块布料对半裁开，上身做罩衫下身做束裙，又简单又省料。

爹爹对挑衣服也是外行，就请店主介绍：有纱衣、罗衣、锦衣、皮衣、纸衣、麻衣；有红衣、绿衣、白衣、紫衣、皂衣；有帽衫、凉衫、紫衫、襕衫；有野服、褙子、纱袍、白袍、布袍、褒服……

店主数来宝般唱罢，爹爹更没主意了，问你想要哪件。

当然是最贵的那件喽！你想说又不敢，装模作样用手搓衣料。

店主说："小哥，这件你不能穿。"

原来宋朝时男子衣服样式多，规矩更多：帽衫是士大夫交际时穿的，凉衫是骑马时穿的，紫衫是官员穿的，深衣是祭祀、冠礼时穿的，褒服是王公皇族穿的，绣花袍是武士穿的，纱袍是夏天时穿的，油衣是雨天时穿的，棉袍呢？当然是冬天时穿的喽。

你斜了店主一眼："穿不成你给我介绍什么？"店主耸耸肩："你让我介绍的。"

最后买了两件青布袍。你噘着嘴试衣服，实在老气横秋。

古代的服装面料有绫罗绸缎锦帛棉绢，"罗"表面有纱空眼用来做夏衣，其中的单丝罗称为纱；"绢"为轻薄的平纹织物；"帛"为初级的绢，也用来做书画材料；"绫"为较轻的斜纹织物，多用来做官服；"缎"光亮平滑但易勾丝；"绸"质地厚实手感爽滑，也叫丝绸；"锦"为彩色经纬丝多层交织嵌合，用料贵织造难，是古时最贵重的织物。

古代没有干洗店，衣物都是手工清洗。古时一些大礼服一生只穿一次根本不用洗，如结婚穿的凤冠霞帔、登基穿的冕服、冠礼穿的元服。而一些日常穿的深衣礼服则要浆洗：洗净后泡在米

宋·张择端《清明上河图》（局部）

汤或淀粉制成的浆粉里，漂洗后还要熨平。西汉时就已有内装木
炭的青铜熨斗，到宋代时已是主妇们人手一个的居家必备品。古
诗中言："重烧熨斗帖两头，与郎裁作迎寒裳。"

　　还没买完呢！宋朝时男子的腰带分为两种：一种是用金玉犀
角等装饰的皮带，名为金带、玉抱肚、斑犀带等；一种是用绫罗
绸缎制成的腰带，称为勒帛。也有使用规定：几品官用金，几品
官用银，几品官用玉……

　　腰带上佩挂锦囊、顺袋，相当于现在的手包，装些零钱、
文具等杂物。诸葛亮的锦囊里装妙计，你的锦囊里估计只能装零
食。不过没关系，你整衣束带，摸摸锦囊左右顾盼，颇有一种精

英感。

鞋好挑。

丝鞋是富商穿的，皮鞋是官员穿的，百姓一般都穿方头的布
鞋、麻鞋、棕鞋、藤鞋。《云麓漫钞》里有诗云："九十余年老
古锤，虽然鹤发未鸡皮。曾拖竹杖穿云顶，屡蹑藤鞋看海涯。"
九十多了仍登山望海，看来这藤鞋就是宋代的运动鞋了。

买了冬夏穿的凉鞋暖靴，春秋穿的方头布鞋，买了毡袜
皮袜……

从头到脚，你打扮停当了。

如果你是女生，这趟采购的难度则要翻倍。

在宋朝做女子，个子低不要紧，因为你要戴礼冠、凤冠、钗冠、珠冠、团冠、角冠、花冠……高可过尺，进门上轿都得侧身歪头。

衣服有鞠衣、霞帔、纬衣、大袖、百褶裙、旋裙、石榴裙、上马裙……说不尽，单只腰带就有香罗带、鸳鸯带、同心带、玉环带……

年轻女子最爱用双色丝线编成的合欢带："结作同心花，缀在红罗襦。"至于什么玉佩、流苏、簪钗镯环……更是式样繁多，数不胜数。

总之宋朝女子的穿衣打扮，近于玄学。

第八节　外国人

买完衣服，爹爹在里面付账，你走出衣铺门口，迎面碰上了一个黑人。

不是黑衣人，是全身皮肤漆黑的人。

四目相对之时，你觉得心口咯噔一颤，和所有第一次见到黑人的朋友一样，内心十分惊叹："这是什么……人？"

大宋就有黑人来访?

然也。

宋朝早在开宝四年（971年），就在广州设立广南路市舶司，"掌蕃货、海舶、征榷贸易之事，以来远人，通远物"。相当于现在的海关。

随着海外贸易的发展，又陆续在杭州、明州（今浙江宁波）、泉州、密州（今青岛胶州）等处设立市舶司。朝廷每年从海舶抽取的税款多达上百万贯，海上丝绸之路北到日韩南至爪哇，西段经印度洋到非洲东岸，直达埃及和土耳其。港口设有专供外国商人居住的蕃坊，京城住着很多外国人，甚至还有外国人的居住区。

宋朝造船业发达，已能建造载重近四百吨的"泉舶"，这种尖底的海船吃水深，抗风浪和续航的能力都很强。

宋人周去非所撰《岭外代答》中记载，波斯和阿拉伯商人都是坐他们的小船到印度半岛，然后换乘中国的大舶东行的。

宋朝人还有一种航海的秘密武器：绿豆。在欧洲大航海时代，败血病夺去了无数海员的生命，而中国人无此困扰：出海时带几坛子绿豆，维生素不足时就发豆芽吃。

近四百年后，哥伦布才乘着他百十来吨的帆船发现了美洲，现在想想，如果宋朝的船长们当时往东多看几眼，也许现在的美洲已经是遍地中国红了。

你走到黑人面前，拱手行揖礼。

老师教过的："凡揖人时，稍阔其足，其立则稳。揖时须是曲其身，以眼看自己鞋头，威仪方美。"行礼时要双脚分开弯腰看鞋，才显得有风度。

如果你是女生，则行万福礼——右手放在左手上，两手握拳位于腹部中央，右脚向后微撤一小步，两膝微曲，颔首低眉，微微伏身而起。

古代男女礼仪不同，比如拜礼就是男跪女不跪。

据说宋太祖都对此大感不解，专门问过朝中礼官为何女子不跪，礼官这样回答："因为首饰盛多"，"自难以俯伏地上"。

这真是一个很现实很贵的理由。

宋钱通行全世界。

《宋史·食货志》中记载："钱本中国宝货，今乃与四夷共用。"意思是，宋钱是全世界通行的硬通货。

元·佚名《番骑图》

当时，交趾（越南）当局下令，"小平钱（宋钱）许入而不许出"，南洋诸蕃国"得中国钱，分库藏储，以为镇国之宝，故入蕃者非铜钱不往，而蕃货亦非铜钱不售"。外国用铜钱做国家储备，贸易往来也只认铜钱。

你刚跟黑人行完礼，耳旁就传来一首《花子歌》："八月暖，九月温，十月有个小阳春，十一月里暖几日，一到腊月就打春。"

宋朝的乞丐被称为"乞人""丐人"或者"乞索儿"，一般的职业形象是敲着牛骨头沿街唱歌。

宋朝时的音律已经十分准确，从宋太祖到宋徽宗曾六次大规模改定音律，追求古音雅乐，以求"正大乐，垂万世"，所以宋朝时的民间"俗乐"也雅音和畅，清丽明快。见歌曲好听，黑人兄弟随即也跟着哼唱起来，竟也别有风味，看来他可能是一位流落宋朝的"坊郭流民"，之前听过此曲了。

宋朝时期的户籍管理虽然比唐代开明一些，但仍十分严格，以有无田地房屋和是否缴纳赋税为标准把国民分为主户、客户和特殊户籍三类。

主户指有田产并交税的有产户，也称"税户""课户"。

客户指从主户处租种土地的地客、佃客、浮客等。那些坊郭流民属于客户中的浮客或流佣。两者按是否入户区分，流佣属于社会最底层，以烧炭采薪打零工度日，或者以行乞盗窃为生。

特殊户籍则分为形势户、官户、坊郭户、兵户、寺观户、杂户。

为掌握人口总数，增加赋税人口，宋朝对流民也有户籍规定："居作一年，即听附籍。"意思就是住满一年就能入籍啦。

宋真宗大中祥符四年（1011年）诏："自今找来户口及创居入中开垦荒田者，许依格式申入户籍。"对于坊郭流民经调查登记后，按房产、营运钱的多少确定户等（宋朝把各家户口按资产分为五等），发给"户帖"，也就是户口本。

外国人也可以在宋朝长期居住，据说有一位叫"辛押陀罗"的阿拉伯商人"居广州数十年矣，家赀数百万缗"，在熙宁年间还被朝廷封为"归德将军"。

但外国人在大宋居住再久也不会归入户籍，一直属于"异族""夷部"。而且宋朝时禁止外国人在本地购买房产，据说是为了防止外国人"师华之长技以制华"。除了房子，地图、史书、地方志等书籍也禁止外国人购买。

外国人在中国的居住地限定在"蕃坊"：管理社区的"蕃

长"由外国人担任，但须由宋朝官府任命和批准，日常生活由蕃坊依其本国风俗治理，如果犯了重罪仍交由地方官府处理。

宋朝时虽有"蕃户不得与汉人通婚"的诏令，但实际上并未严格禁止，那时的广州人将蕃妇称为"菩萨蛮"，许多富人还喜欢蓄养黑奴："广中富人多蓄鬼奴，绝有力，可负数百斤。"

第九节　放假了

书院要等到田假收假后才开学，这些天爹爹让你在义塾跟着老秀才好好补一下基础。

宋朝时学校假期和现在的寒暑假不同。

有常假：每旬一天（即每十天放一天）。

有田假：每年麦熟时放一个月。

再就是秋冬时放一个月的授衣假。

老秀才无家无田，一年四季都住在义塾里，所以额外给些银钱，随时都可以找他补习。

古代有些读书人多次科举不中后无脸回家，就四处以教书为生，直到终老异乡。

田假期间，除了你还有两三小子也在老秀才这儿补习。

一天，义塾来了位沈括先生，推销他的新书《梦溪笔谈》。

沈先生说："本书没有八卦秘闻，只讲些天文地理、数学物理、中医药学、工程技术等。"《梦溪笔谈》序中言："本书不系人之利害者，唯山河木荫，率意谈嚛。"

见无人搭理，沈先生讪讪地走了，被你在门外追上。

先生略喜："你是想买书吗？可以给你八折！"

你摇头，目光盯在他的搭膊（背包）上，里面鼓鼓囊囊似乎装了不少东西。

沈先生点点头："嗯，有好奇心，是个学科学的苗子。"

他打开搭膊，里面有弩机、钱币、短剑、玉钗……满满当当制作精巧的小物件。你伸手拿起一个镜片，举到眼前不由一惊，沈先生的脸变得硕大无比。

沈先生说你手上拿的叫凸透镜，可以把脸放大。他还有一面凹透镜，可以把脸缩小。

好神奇！

沈先生见你一脸兴趣，忙问："想知道为什么吗？"

"想！"

沈先生掏出一本《梦溪笔谈》："答案就在这里面！"

"没钱。"你嘟起嘴唇。

沈先生叹息一声，思索片刻，把包里的东西都倒了出来："送你了。"

你很是吃惊："这是为何？"

沈先生徐徐说："我退隐后深居简出，不与人交往，与我对话的只有笔墨纸砚，寂寞地度过了一天又一天的时光。"《梦溪笔谈》序中说："予退处林下，深居绝过从。思平日与客言者，时纪一事于笔，则若有所晤言，萧然移日，所与谈者，唯笔砚而已。"

他把那本书递给你："既然你感兴趣，就送你。也许你读了，会很喜欢。"

话毕，他转身离去。

你作揖恭送："谢过先生，先生慢走。"

老秀才飘然而至，抚须感慨："此人文武双全，才气纵横。他的书既赠了你，你就好好看。"

你似懂非懂，点了点头。

四年后，沈先生病逝梦溪园。

你一门心思玩起沈先生赠的那对镜片，明晃晃的阳光被镜片聚焦，光点照在身后屋檐的茅草上，渐渐冒出了火光。

宋代民居多为木竹结构，屋顶除草苫与瓦苫外，山面的两厦和正面的引檐则多用竹篷或在屋顶上加建天窗。陆游《入蜀记》中记载："道旁民屋，苫茅皆厚尺许，整洁无一枝乱。"即使在京城里，也有许多茅草屋。

你不知所措地看着屋檐上的火苗迅速壮大，席卷了一间又一间房屋，继而是一条又一条街巷。

望火楼上的铺兵发现火情，吹号击鼓，摇动旗帜，消防队火速赶来。

宋·张择端《清明上河图》（局部）

中国是世界上第一个建立消防制度的国家，宋朝时就在城镇里设置"望火楼""军巡铺""潜火铺"，常驻防火的官兵"潜火兵"，专门运水的"水行人"，各种设施用具报告制度一应俱全。

潜火兵选自最精锐的禁军，个个都是琵琶腿、车轴身，彪悍勇武。虽然配置有强悍的消防队，但京城人口密度大，房密路窄，且时人多在家中点香烛供佛，因此火灾频发，损失惨重。

吓坏了的你拔腿向家里跑去，远远看见父亲正在巷口给人分发灭火的麻搭。他一脸烟灰，须发被火燎卷，看见你他松了一口气，一捋焦须说："这火也不知是谁点的，造孽啊。"

你坦白了起火原因，他立时大怒，拖着你去自首。

你大哭。他含泪看着你："不怕，我和你一起去受斩。"

据《宋史》记载，宋代三百二十年间，全国各地大型火灾有二百多起，其中汴京近五十起："（建隆）二年三月，内酒坊火，燔舍百八十区""天圣七年六月丁未，大雷雨，玉清昭应宫灾，宫凡二千六百一十楹，独长生崇寿殿存焉"（火灾烧毁了很多房屋）……所以宋朝防火法典十分严厉："京师火禁甚严，将夜分，即灭烛。"

据说名将狄青将军就因为半夜烧纸祭祀而被贬官。

宋朝法律规定：烧毁他人住宅财产的，杖八十，损失严重的加重处治，在仓库、官府衙门等处燃火的判一年徒刑，放火的判两年徒刑，造成死伤的判三年徒刑，烧毁宫殿的要被处以死刑。

父子俩抱着必死的心去自首，却没人相信你用镜子放火。一番调查后，你们父子二人被赶出府衙。你又悔又怕，放声大哭。

《宋史·哲宗本纪》记载，元祐六年（1091年），开封府大火。

小子，这火是你放的吗？

第十节　拆迁户

这一刻，你坐在一堆亲戚中间——娘舅叔伯姨妗姑表侄甥……如果合一张影，然后观察亲戚们的脸你就能发现，基因繁衍分化的微小差异，自成系列。看似千差万别，其实都是沿袭同一种古老的风格：让人一见就觉着熟悉，却具体说不出为什么。这就是血缘的力量。

爹爹一指你："剩儿，奉茶。"

中国古代是父权社会，"三代五口"是宋朝普通家庭的标准规模和结构，而"仰足以事父母，俯足以畜妻子"的父亲则是坐镇家中的老大，对本户所有人口的赋税、婚姻甚至犯罪行为都要负首要责任。

在宋代的家庭里，对子女的约束一靠伦理道德培养心智，二靠礼法规范行为，再加上法令的威慑和社会舆论的监督，人们早已习惯了三纲即天理、父即是天、出礼则入刑的观念。

而你，还不懂这些家庭关系背后的深层含义。你只懂得一点：感情。

真正的感情都是"三无产品"：无条件、无期限和无处去。感情越深，越无处去，只能沉积心底。

你无法表达，只能恭恭敬敬端着茶叫一声："爹！"

爹爹一皱眉："先敬祖翁！"

祖翁就是祖父，祖母称为婆婆。宋朝时对父亲的称呼是：爹爹或者父翁，对母亲则称妈妈或者北堂，父母合称两亲，也是今人"双亲"的来源。

母亲、妻子一方的亲属则统称外家，妻父称为岳丈、泰山，妻母则称为泰水，妹妹称为女弟，姐妹之子称为外生，即今"外甥"，对长辈尊称公、丈，子侄辈称为郎、哥，女婿称为女夫，二女婿则称为第二女夫，姐妹、堂姐妹的丈夫们则互称为连襟，也叫友婿，父母把儿女称为息子、息女，儿媳妇则称为息妇……宋朝的许多称呼一直沿用到了现在。

你开始熟悉并掌握这些称谓，在脑海里一点点构建出自己家族的树状关系图。你是古老网络上的一个结点，拔起蔓蔓带出蛋蛋，你不仅仅是你，而是这条从古到今的血缘脉络上的一根链条、一个片段。在茫茫人海中，那种你一直爱着的孤独，其实都是假孤独。

今天大家聚在一起是因为一件事：拆迁。

《宋史》记载，元祐六年（1091年）三月，宋哲宗"罢幸金明池、琼林苑"。这是京城的两处皇家园林，从宋太祖时开始修建，直到宋徽宗时才完全建成。

宋太祖时开始设立殿试，这是科举最高的一级考试，合格者就会成为天子门生，皇帝会对登科进士赐宴琼林苑，也叫琼林宴、闻喜宴。为扩建琼林苑，你家所在城西的这几条街都要拆迁改造。

这可是件大事。

宋·李从训（传）《乐志论图》

北宋时的房地产市场十分火爆，汴京是当时世界上最大最繁华的超级城市，人口密度达到每平方公里上万人，而今天香港人口的密度还不到每平方公里九千人。

汴京一套普通的民宅可值上百至上千贯，而豪宅则动辄上万甚至十几万贯。宋代王禹偁在《李氏园亭记》里感叹："重城之中，双阙之下，尺地寸土，与金同价。"古人以重城和双阙代指宫殿或都城，都城果然寸土寸金。

官至御史中丞的苏辙一直住在出租屋里，他写诗自嘲："我年七十无住宅，斤斧登登乱朝夕。"活到七十还没房子，每天想着伐木建房，想得我难辨晨昏。

这"拆迁"二字的分量可想而知。

宋朝各代皇帝都遵祖训以仁治国，"不抑兼并"，"田制不立"，保护国民的私有财产。

公元986年，宋太宗想扩建皇宫，图纸都画好了，州府派人到待迁户那里做动员，但居民大多不想搬家，宋太宗只好放弃扩建。

拆迁将依规进行，街道司也已经将拆迁补偿方案张榜公布，一种是货币补偿，据宋史专家吴钩先生考证：赔偿款户均170贯。一种是实物补偿，由官方另拨地造屋还给业主，并发放搬家费。

亲戚们讨论了两种方案的优劣，有建议要钱的，有建议要房的。

要钱：不论数额大小，一旦决定了，就总会有一丝觉着少的忧愁。

要房：不知道官府的后续规划，一旦划拨另盖的房屋位置偏远，周边发展不起来，不就亏大了？

父亲见大家讨论得差不多了，胸有成竹地站起来，说出了自己的意见：抓阄。

抓阄结果：要钱。

好了，进行第二步讨论：分钱。

大家开始议论纷纷。这个说为盖这祖宅自己曾伤过筋骨，那个说为盖这祖宅自己卖过金钗；这个说这么多年的屋税都是自己独力承担的，那个说……

　　宋朝时的正税分为民田赋和城郭赋，其中城郭税包括屋税、地税、城市契税、商税、市舶税等。宋代时农业税占比只有约三成，国家财税主要靠的是非农税，其中的屋税就是房产税，按房屋的地理位置、收益评估分为十等，每等又分正、次二等，相当于将屋税分成二十级阶梯征税。一般民居的屋税并不多，据考证每户年均纳税约400文。

　　大家渐渐争得不可开交，各种陈年旧事，各种生猛爆料，各种激动，各种委屈。你兴奋地盯着每张嘴，谁开口就信谁。

　　爹爹锁眉踱步，吟道："狂风吹我心，西挂咸阳树。"

　　李白的这两句诗，在这里翻译为：好烦。

　　最后还是祖翁开口：不分了，用这笔钱做本，由族人组队，把改造工程承揽过来，钱生钱。

　　这是要搞房地产了？

　　宋代就有房地产市场。买卖土地也采用招投标的方式，称为"扑买"，经营权拍卖、官田出让、官府采购等业务都会公开招标，设定标底后要在闹处张榜招标，然后"造木柜封锁，分送管下县分，收接承买实封文状"，即官府将木柜锁好分立各处，投标人可将标书投入柜中，称为"实封投状"。确定中标人后还要"于榜内晓示百姓知委"。公示后官府与中标人订立"公凭"，就是合同。

　　宋时房地产市场火爆，不论官府还是富商都投钱参与。与现代的开发商盖房出售不同，宋代开发商盖房后多为出租。宋代禁止官员经商，但很多高官违规经营，如宰相何执中"广殖货产，邸店之多，甲于京师"；节度使朱勔则"田园第宅富拟王室，房缗日掠数百贯"，房租一天就能收几百贯。最有商业头脑的开发商则是宰相丁谓，他低价买了块地势低、常积水的地皮，然后又是修桥又是造湖，开发出一个新商圈后获利无数。

为控制房价，朝廷多次进行调控，真宗时第一次限购："禁内外臣市官田宅"，即禁止官员购买官府出让的公房；仁宗时又第二次限购："诏现任近臣除所居外，无得于京师置屋"，即禁止官员在京城购第二套房。对房屋租赁市场也多次进行调控，多次诏令业主减免房租。

汴京城南的御街一带集中了国子监、太学、辟雍等众多院校，房价房租都贵。东华门外的马行街则是东京最繁华的商业街，而集中了京城交引铺的界身巷则是"证券金融"的交易中心，堪称宋朝的华尔街。

第十一节　学算术

人不识数欢乐多。

你跟着中表（舅舅之子）去采办盖房物料。家族成立了工坊以承揽改造工程，大家为了给工坊取名起了争执。

古时候人们就已经有了商标意识，中国现存历史上最早的商标是北宋时的"济南刘家功夫针铺"——中间是玉兔捣药的图案，两侧写着"认门前白兔儿为记"字样。

国外最早的商标是1473年英国伦敦街头的印刷商标，比我们足足晚了几百年。

工坊的创业小目标是日进万钱，所以有人建议叫万科，有人建议叫万达，最后还是父亲一锤定音：叫科达！

大家各展其能，而你，石竹、泥瓦、绦结、雕画等活计一概不会，只好跟着人跑腿采购。中表问你数学如何，你微微一笑举起双手："总出不了这十个数，照单采买，逐项增减，有何难哉？"

你雄赳赳去了，一去傻了眼，物项复杂，数额细繁，十根指头根本数不过来。常常是对方用算筹啪啪几下算好了，而你一挽袖子开始一根根掰手指。

之前学堂里也教过筹算，可惜那些刻着数字的竹筹都被你和小伙伴们拿去戳蛐蛐了，数学课本也糊了风筝。

那些《孙子算法》《夏侯阳算经》《算经十书》，被春风学会，把春日的时光越算越短。

中国古代的数学成就一直位于世界前沿，公元前1100年的《周髀算经》就提出了勾股定理和分数概念。公元50~100年的《九章算术》讨论了分数、四则运算、比例算法、开平方开立方、求解一元二次方程等等，比欧洲同类算法早一千五百多年。

南北朝时期的祖冲之将圆周率计算到小数点后七位，比西方数学家早了一千多年。元丰三年（1080年）时，北宋数学家刘益在《议古根源》里优化了二次方程式的求根法，并创造出"益积术"和"减从术"，解决系数为负数和非整数的高次方程，比西方早了近八百年。为表示对中国古代数学家的尊敬，这种算法也被称为"中国余数定理"。韩信点兵、鬼谷算、隔墙算、剪管术等古算法更是应用不止。

明·戴进《太平乐事图》（局部）

而这些，你都不会。

你只会举着手指头瞪眼，周围一圈人默默看。

又算乱了。你只好借中表的手帮忙：自己这边逢十进位时，就让他弯起一根手指。旁边有人忽然说："很像算板呢。"宋朝初期算盘还未大规模普及，那时还叫算板，只在一些大店铺里有人会用。

虽然狼狈，终是算完了。

走出店铺后，中表拍拍你的肩膀说："弟，还是要多读书。"你擦着汗点头。

买完料，雇了出租马运回家中，却见叔叔和爹爹正对站发愁。钱是指间沙，工坊开张没多久，本钱就快用尽了。百事百务刚刚起头，怎么办呢？

爹爹说："贷款。"

现代人办贷款都在银行，宋代时则在检校库抵当所。

世界上最早的办理抵押贷款的金融机构是中国南北朝的寺院，金银物帛田地房屋均可质押，叫作"质库""质舍""长生库""典铺""印子库"等，现在有些地方仍把高利贷称为印子钱即源于此。

北宋的官营金融机构最早称为——检校库抵当所，初衷是管理官员遗孤的生活费，"本库检校孤幼财物，月给钱，岁给衣"，由太府寺管辖，各司各衙也将本部公款入库放贷生息，"掌以官钱听民质取而济其缓急"，同时还能为本部门发工资："市例钱量留支用外，并送抵当所，出以给吏禄。"

元丰四年（1081年）市易司在京城多处设置抵当所："委官专管勾，罢市易上界等处抵当，以便内外民户。"（派专人管理，在市场设门店以便民。）元祐二年（1087年）设置县镇一级的抵当所，以贴补财政，筹集军费，甚至一部分救灾扶困、兴修水利的费用都来自放贷的收益。

检校库抵当所早期相当于国有金融信托机构，后期称为抵当所，相当于国营的存贷款机构，是最早的国有银行。有的抵当所也叫典库，兼顾典当业务。民间的典当行则称为解库、质库、兑便库。

《宋会要辑稿》中称："听以金银物帛抵当，收息毋过一分二厘。"

爹爹问你："州所的年利息一分二厘，京所的月利息一分，你算算贷哪家的合算？"

你又伸出指头，却不会算，只好给了他一个尴尬而不失温暖的微笑。

你回到学堂，对老秀才说："老师我要好好读书！我要考进士拿状元，我要光宗耀祖青史留名！"

老秀才四下看看，以为自己是在梦中。

古代年轻人的第一梦想是——通过科举考取功名。

宋朝的科举考试以《三经新义》《论语》和《孟子》为教材，考策、论、诗赋、帖经、墨义等，以诗赋好坏和策文内容选士，多少读书人怀着"朝为田舍郎，暮登天子堂"的梦想，苦读一生。

老秀才说:"老师我都没考中进士,你能吗?"

你说:"我能!"

第十二节　遇见苏颂

孟子说过:"知耻而后勇。"

有了勇气,沉默时空气就有了重量,独处时思维就有了方向。

决定好好学习后,你需要先到书铺买教材。

宋朝的书铺分为两种,一种刊书售书,一种却是帮人代写上书文书、诉讼状子,还兼职公证业务。你跑了好几家书铺才找对地方,被店家笑话了几回:"你没看见我铺门上写着'书状钞书铺'吗?"你当然看见了,只是不大懂是什么意思。

街上的字和书上的字,像人生的两个阶段:同一个人,内涵不同。

而且,那招牌上的字,有几个你就根本不认识。

汉字在几千年的演化中简繁互补,从最早的甲骨文、金文变为篆文、隶书,再到魏晋隋唐的楷书,字体开始稳定下来,被称为"俗字": 字形不合规范却通俗流行。这种字体一直沿用至今。

最早的汉字简化起源于太平天国运动时, 当时因为军队文盲率高, 发个文件通知什么的都得用简化字, 才能让大家明白记住。

1935年, 中华民国政府公布了《第一批简化字表》, 新中国成立后, 国家两次推进汉字简化改革, 现在通用的是1986年修订的《简化字总表》。

万里征程脚下起, 先从识字开始。你对自己说: "努力!"

《诗》《书》《礼》《易》, 经史子集, 你看着面前这厚厚一大摞, 想起白居易的《南浦别》中的句子: "一看肠一断, 好去莫回头。"

记忆是个奇怪的东西, 之前老秀才戒尺打手都记不住的诗句, 这一刻应景而出。

你沉下心来, 翻开书本。

与此同时, 家族的房地产事业开始步入正轨, 祖翁坐镇内宅, 叔翁总揽外务, 外舅领着十几位中表腹兄甥婿具体干活。爹爹负责巡行吟诗, 五行八作、金木水火, 无论谁无论什么问题, 一问他都知道, 不知道的, 也能说得让人以为他知道。

有他在, 工地上就有了一种从容不迫的气氛, 这让创业初期心怀忐忑的众人颇感安慰。

这就是最早的企业文化吧。

择了吉日开工, 请来了烟花队表演以壮声威。

据史学家伊永文先生考证：宋朝时已有施放烟花的专业队伍，一般放的是起轮、流星、走线、水爆等烟花品种，有时还用烟花效果配合百戏表演：杂技、魔术、七圣刀、神鬼戏、药火傀儡……现在小孩子玩的小蜜蜂、转陀螺、窜天猴等小型烟花，就源自宋朝的"地老鼠"：利用火药点着时向外喷射气体产生的反推力，使烟花旋转或者升空。

烟花易冷。漫天的纸屑还未落尽，叔翁就将一个账本递给你："狗剩，将今日的烟火茶水利市雇工等等花费，不论巨细全部入账。"你一一记下，有了一点心得：练算术最快的办法，就是算钱。

核算成本时叔叔和爹爹起了争执。虽然只是分包了整个改造工程中的几条小街巷，但麻雀虽小，五脏得全，有些大木作雕作彩画作的活家族里无人精通，需要另雇"人力"。

牙侩（中介）提出："大匠"日薪五百文，"小匠"日薪三百文。叔叔嫌要价太高："京师行情仅为一百至三百文。"

爹爹说："薪倍则功倍。"

叔叔坚持低薪，爹爹生气了拂袖而出。

最后折中取价。

人力物料已经集齐，工程开动了。

宋朝时已有专门对工程质量进行检测监理的部门，"添差监官点检，须要牢固"，并立法明确了对质量问题的刑责：如在五年保质期内发生地陷坍塌等质量事故，从工程设计者、工头直到工匠和监修者，从杖责到开除、流放，大家排排坐按责领刑。所以古代修造均"尽料修盖，久远牢壮"，很多古建筑历经千年，至今仍坚牢稳固。

为了保证质量问题的可追溯性，从春秋时期就已有了"物勒工名"的制度：要求工匠或承建方在所造器物上刻名，作为一种质量保证。这种刻名制度到宋朝时已渐渐演化成了商标形态。

你们家族的工程队在一间间新建新修的房屋门楣上角，刻上了一行字：科达，元祐七年（1092年）。

而你，除了帮人忙些会计业务，一天中绝大多数时间都在读书。

学习，就像大力搬空气——苦背一百遍，记到天外边。像捏风，像掬水，像要把自己塑造成一个没有感情的读写机器——开关一按，大脑就咯吱吱自动开始读盘。

时间长了，你便做不到了。你开始找理由：事情太多影响学习。行，爹爹不让你去工坊了。屋子四周建筑噪音太大影响学习。行，家人在城郊亲戚处给你找了间屋子，开窗就是田野，安静宜人。但你学习进度仍缓慢。怎么办呢？没有了外界理由，又不能真去怪自己。

这一天，你逃出私塾到处闲逛，来到京城西南角，远远就见河边矗立着一架巨大的木质机器，四周围满了人。

这时一个老者走近，人们忙迎上去："苏侍郎！吉时已到，就等着您来开机了。"

老者走上台阶，一声令下，机器一侧巨大的水车转动了，开始运行。旁边有人在解说："这叫水运仪象台。"

水运仪象台是北宋时期苏颂、韩公廉等人发明制造的以水力驱动的大型自动化天文仪器，集天文观测、天文演示和报时系统为一身，从元祐元年（1086年）开始设计，到元祐七年（1092年）才全部完成，是古代仪器制造史上的巅峰，被誉为世界上最早的天文钟。

机器高12米宽7米，分为三隔。

下隔是报时装置和动力机构，又分为五层木阁：

第一层为正衙钟鼓楼，设三个小门，每一时辰开始时，就有

宋·李公麟（传）《人物故事图册》

一个红衣木人在左门里摇铃；每一时辰正中，又有一个紫衣木人在右门里扣钟；每过一刻钟，又有一个绿衣木人在中门击鼓。

第二层负责报告时初、时正。

第三层负责报告时刻。

第四层负责晚上报时。

第五层负责报告晚上时间。

五层共162个小木人，通过机轮、天柱、拨牙等机件自动运作，精准报时。

中隔的浑象一半装在地柜里，一半露出柜面，通过中间赤道带上的齿牙与机轮轴的天轮连接，机轮转动时，带动浑象和天穹一起旋转。

上隔的浑仪以齿轮和上轮相接，连通天柱、天运环，带动三辰仪一起转动……

整座水运仪象台设计新巧，制造精密，用水车、凸轮和天平秤杆等机械原理，把观星、演示星象和报时机构集中起来，组成一个全自动天文台，其中的擒纵器则是现代钟表的祖先。

这台仪器后来被金兵掠至燕京，最终在战争中被毁。后世曾多次复制均未成功，直到1958年才由中国史学家王振铎先生复制出一台一比五的模型，1997年日本工匠用了八年时间才成功仿制出了水运仪象台，充分证明了我国古代工匠的聪明智慧和工艺水平。

苏颂是北宋时期的天文学家，他在皇家图书馆任职时，每天背一段书回家后默写出来，九年从不间断，凭此积累了渊博的学识。同时他还是一位杰出的诗人、外交家和药物学家，很多著作诗篇流传至今，史书评价他一生"道德博闻""颂有德量""可谓真古之君子矣"……

　　而这一刻的你，并不知道自己正站在世界上第一台全自动观天仪的内腔里，只是好奇地仰头看那些复杂的机件默默运行，像观察一种深潜心底而不自知的意念。

　　观看半晌，你不由得赞叹："真的……好神奇啊！"

　　不知何时站在你身边的苏侍郎莞尔一笑："少年，以后你能造出更好的仪器。"

　　你听罢害羞又内疚，自己是逃课出游，厌学又不爱学，哪能有如此成就？

　　"我哪里做得到？这太难了，我不行。"

　　苏侍郎轻轻地拍了拍你的脑袋："困难，有时会被人无限扩大。找到好的方法，并坚持去做，再难的事都会变得简单。星星千年万年一直都在那里，遮住你的，是你自己的眼睛。"

　　你读书累了，就仰脸看天，或者闭上眼，想象自己的大脑就是那台巨大的水运仪象台：无数的齿轮机件正在黑暗中默默运行。万事万物都有规律，学习也一样，找出其中规律，就能有所突破。

　　终于，你在白天里看到了星星。

　　《宋史》记载："（元祐七年）十一月辛巳，太白昼见。"

第十三节 冠礼

你踌躇满志地望着汴京的天空，这将是你的城。

宋朝是中国历史上经济、文化鼎盛的时代，著名史学家陈寅恪先生说过："华夏民族之文化，历数千载之演进，造极于赵宋之世。"

而汴京则是当时世界上最繁华的城市。

头巾铺、犀皮铺、七宝铺、纸扎铺、刷牙铺、铁器铺、绒线铺、花朵铺、金银铺……商肆铺店林立，批零兼营，生意兴隆，街道上摩肩接踵，"吟叫百端"，汴河上无数舟船头尾相衔，将全国的粮布百物、外国的奇珍异货源源不断输入京城。

据说仅仅是猪，每日就运入上万头。

你看着这座熙熙攘攘的城，什么外城、里城、宫城；什么繁台春色、铁塔行云、金池夜雨、州桥明月、梁园雪霁、汴水秋声、隋堤烟柳、相国霜钟；什么日进斗金，什么锦绣人生……统统都将是你的内院风景。

天为什么空？因为要容纳你踏空而起的人生！

正憧憬中，爹爹把装笔墨纸砚的袋子递给你："读书去！"

你惊讶了："不是……要继续搞工程吗？"

爹爹说："那是大人的事情。"

你垂头走了。一片狂心，尽成委屈。

要等你年满十二岁，行弱冠礼后才能算正式成为家族里的一个成年人，才能参加各种家族活动。

《仪礼·士冠礼》上说："始加元服，弃尔幼字，顺尔成德，寿考惟祺，介尔景福。"弱冠礼，就是把头发盘成发髻，谓之"结发"，然后再戴上帽子，谓之成人。

在这之后，大人们也不会再叫你的小名，而是用一个正式的大名代替，并开始培养你成人的情操美德。

古代人认为人生于天地，得之父母，死时身体发肤要全部还给天地，交给父母在天之灵，所以成年之后的古代人终生蓄发。

说是这样说……别的小朋友的发型叫"总角"，左右梳成两个发髻，用朱红色棉绦扎起来，像两个犄角立在头顶两侧。哪吒就留这发型，甚是可爱。而你的头发，有时候被大人剃得只剩铜钱大一缕，偏在脑袋左边，他们说这叫"偏顶"；有时候剃得只剩头顶前一撮，美其名曰"鹁角"；有时候只留两侧头发编成辫子悬垂脸边……

他们总说你头发扎不住，一说头发太硬，不好扎；一说头发太软，没有型……反正他们总有道理，所以你总是披头散发。

一支愤怒的拖把。他们总这样说你。

你穿的衣服也是式样单一。

美其名曰"采衣"，也叫"四衩衫"，其实就是一个布口袋四角开了口，伸出四肢来。连腰带都没有，只是在衣襟上缝了两条带子，胸前扎个蝴蝶结。

静坐时，你就像个礼盒。

宋·张择端《清明上河图》（局部）

你不要这样的幼稚生活。你也要穿礼服，也要加冠纳履，风起时也要大袖飘飘，一步一摇！

读书的日子总是慢，但再慢时间也是一天天地过去了。

你好像才刚跟小伙伴别离，才刚见过黑黑的外国人，也才刚经历那恐怖的火灾，才刚……

但今天你突然就十二岁了。

半年前你就开始蓄发，三个月前家里就请人占卜选了吉日，三天前爹爹开始拜客邀请，他说："某子于某日将加冠于其首，愿吾子之教之也。"我儿子某日行冠礼，请您来教导他。

客则说："吾子重有命，某敢不从？"您的命令怎敢不从？

礼前一天要再次恭请正宾，也就是将要给你戴帽子的长者。

你曾偷偷戴过爹爹的绉纱帽，有些大，帽檐挡嘴；你也曾偷偷戴过母亲的花冠，搞得冠上的绢花掉了一地；你甚至还在头上顶过碗……

你还不知道冠礼是什么，但从家人的忙碌中，从父母的眼神里，你预感到这将是不同寻常的一天。

冠礼在宗族的祠堂进行。

这一天，爹爹早早就站在院门外迎接宾客，陪客人走进家庙时，每到一个拐弯处，爹爹和客人都要相对拱手行揖礼，三揖三让后才进庙门。

而你跪在殿中，面前整整齐齐摆着盥洗用具、冠服、梳妆用具和盛酒的礼器，左右两边各站着一位神情肃穆的司仪。

然后宾客入堂，在你面前身后站成两排，由一位"赞冠者"用栉（梳子）为你梳头、挽髻、加笄，再用黑色麻布缠住发髻，这时由一位长者从司仪手里接过缁布冠，念祝词后为你戴上。

你在另一位司仪的引导下给长者行礼，然后回房换上黑色礼服。

之后加冠，再换上另一套白色礼服。

而后是三加冠，换上黄色礼服。

除了主宾的祝词，祠堂里一片肃静。

你深呼吸，再深呼吸，平生第一次试着将心里的紧张和慌乱，转换成脸上的一片平静。礼成后，你到东墙边面朝北拜见母亲，献上肉干时，你看见她眼中隐隐有一丝泪光。

从这一天起你长大了，从一个"孺子"，变成大人了。

然后长辈给你"送号"："已冠而字之，成人之道也。"就是另给你取名和字。从这一天起，你就不叫狗剩了。

爹爹说："息子不爱读书，老拙唯愿你身健。"

于是你喜提新名：大壮。单字一个：猛。

如果你是女孩子，成人礼则要等到十五岁时，如果订了婚，就在出嫁之前举行笄礼，如果一直未嫁，则到二十岁举行笄礼。

女孩子的成人礼是由母亲或者父亲将头发挽成一个髻，然后用罗帕包住发髻，再用簪子插定发髻。

行笄礼有专门的场地："家庙""东房"，有专门的制服：礼前穿采衣，三加时三套礼服，最后是隆重的大袖礼衣，宝钗秀髻，雍容端丽。

宋朝的女子非常会妆扮，沈从文先生曾感叹宋人的冠饰："头上真是百花竞放，无奇不有。"还有峨冠"至有长三尺者，登车檐皆侧首而入"。因为峨冠太高，只得歪着头坐在车里。

除了头饰还有颈饰、面饰、耳饰、手饰等，簪钗梳篦金银玉翠不可胜数。宋代时女子出行还有禁步的风俗——行不得露足，所以要用金玉环佩压住裙脚，一边一个。

黄庭坚《情人怨戏效徐庾慢体三首》诗云："翡翠钗梁碧，石榴裙褶红。"读来似能听见珠玉相碰的叮当声。

在宋朝做女人，只管美，不管其他。

第二章

鲜衣怒马少年时

第一节　是中学生了

书院生活开始了。

古时书院招生没有年龄限制。但古代学生经过开蒙、读书、作文等阶段的教学后，才能达到书院的招生要求，一般都是十三四到十六七岁了。《七言杂字》中言："用上十年好功夫，进个秀才不费难。"

书院相当于现在的中学，采用"分年读书法"教学，即按照教学计划制定经书史策的"常式（课程表）"，规划好各时段的教学内容、讲课时间和考试科目等，直至学生毕业参加科举考试。

知识可以补考，青春不能留级。你在书袋里装了一把小铜镜。

据说因为宋太祖赵匡胤的祖父叫赵镜，为避他的名讳，宋朝时把镜子一律改叫照子。

那时已经有了玻璃，杨万里在《稚子弄冰》里写道："敲成玉磬穿林响，忽作玻璃碎地声。"但那时的玻璃混沌如磨砂，做不成镜子。要等到明朝时，才由传教士从欧洲把玻璃镜带到中国，清代时才推广到民间。

宋朝时的铜镜有花卉镜、龙纹镜、八卦镜、禽鸟纹镜、铭文镜、素镜等类型，外形丰富，精巧美观。

唐代的铜镜因为含锡量高，镜面坚硬，呈银白色泽。宋时铜镜因为含铅量增加含锡量减少，镜面软且颜色略黄。这多好！有个痘痘、皱纹什么的，统统看不清楚。

古代学校没有统一的校服，但学子们一般都穿青色交领的长衫，称为"青衿"。《诗经》中言："青青子衿，悠悠我心。"

在应天府书院求学，食宿书院全包。书院有"学田"收入，能够并祠"筑室以舍学者，买田收谷以食之"。学生住的宿舍称为"斋舍"，由书院统一分配。

作为宋朝男子，铜镜、梳子、发带都是日常必需品。

每日闻鸡即起，梳头绾发。杨万里诗云："闲中多事在，一日一梳头。"

宋人很注意个人卫生，《宋史》中记载，蒲氏"每日两洗面，两濯足（洗脚），间日（隔一天）一小浴，又间日一大浴"。

《梦粱录》记载，东京城早晨还有专门卖热洗脸水的生意，十文钱一盆。

以前你洗脸，只为洗掉昨晚遗留嘴边的饭粒。现在你讲究多了，洗完脸还要刷牙。

宋人用茯苓、石膏、龙骨、细辛、石燕子等制成牙粉，用专门的牙刷"揩牙"。据说用这种牙粉刷牙，"年逾九十，食肉尚

宋·李公麟（传）《白描人物图册》

能齿决之"。

洗漱完毕神清气爽,你对镜顾盼,这个玉树临风的少年就是我吗?

外形是满意了,学习呢?

书院考试考的是《论语》《孟子》《中庸》《大学》《史记》《左传》《春秋》《楚辞》……每一本都是文字奇怪,含义模糊,重点是之前你完全没学过。想课后求助老师,老师却说:"读书是自己读书,为学是自己为学,不干别人一线事,别人助自己不得。"

试试请教同学?能来这里的都是满腹诗书的才子,而且书院鼓励大家没事就辩论。

你刚想把书翻到某页请教同学,这位仁兄就高声问你:"子曰'毋意、毋必、毋固、毋我'(不凭空猜测,不主观武断,不固执己见,不自以为是),此四毋实为一毋否?"

你眨眨眼,老老实实问:"这句话什么意思呀?"

一句话把对方说得拧眉沉吟,苦思一会儿他悟了:"大壮兄的意思是……知其义自知其义,不解其义才辩其义?大音希声,大象无形,壮兄大气度!"

他拱手走了,一路摇头品咂。

你只有苦笑。

从初入书院时的意气风发到现在的困顿,你的心情冰火两重天。唯一赏识你的黄先生也因"绍述"党争,以诋毁、污蔑先帝的罪名被贬黔州（今四川彭水）。

像断了线的风筝，你突然间没有了方向，无比孤单。

晚上你看着月光映进窗棂，在床前铺出一个白色的多边形，突然想起两句诗："床前明月光，疑是地上霜。"这首诗你很小时老秀才就让你背过，但你只知其字不知其意。

有一天黄先生给你讲解诗文，他说："作文要'无意于文，夫无意而意至矣'，这才是写出好文章的精髓。作文就像起风，你意如风不可见，而字如草木云霞在风中推移变幻，体现出风的行踪，这就是'无意于文，夫无意而意已至'的意思。"

这一刻，你感觉到了"疑是地上霜"里那个"霜"字的凉意。

掌教说过，书院的教学宗旨是"求圣人之意，以明夫性命道德之归"。这一刻，你隐隐明白了这句话里的那个"意"字，不仅仅是一个字，而是一团有着温度和硬度的东西。

掌教就是书院的院长，既是书院的管理者，也是权威的学术领袖。授课的老师称为"讲书"，管教务的称为"学录"，管后勤的称为"斋长"，负责接待工作的称为"典揭"，学生干部称为"管干"，实行民主评议，"有才而诚实者为之"。

宋朝时不少书院实行"分斋"教学，把学校分为"经义"与"治事"两斋，经义斋的学生研究儒家经典，治事斋则学习"治民"（管理）、"讲武"（军事）、"水利"（工程）、"算术"（财会）等，很像当今高中的文理分科。

你选文选理？

黄先生说过："凡事莫急，慢慢体悟。火候不到时事事难，如以手掬海，再思不得；火候到了就如以火燎冰，迎刃而解。还是要多读书多练习，功夫足了就能立悟，可省十年之功。"

你明白了，如果自己的能力和境界都不足，选文选理，都非坦途。

第二节　患了痔疮

在书院的讲书会上，你坐在台下看学长们在台上和老师激情辩论，指点天下，不由有些担心：这样跟老师争论，不会被罚抄书吗？

讲会是书院的一种学术辩论会，起源于战国时期的稷下学宫书院，由书院先设立一个或几个辩论主题，邀请院内师生或社会上的著名学者与会讨论，百家争鸣，交流切磋，以此锻炼师生们的学识、度量和胆量。

宋人认为老师只是引路人。读书要靠学生自己钻研，自求自得。宋朝著名思想家教育家朱熹的"朱子读书六法"就提倡："循序渐进，熟读精思，虚心涵泳，切己体察，着紧用力，居敬持志。"强调学习要独立思考。

掌教见学生们皆神情雀跃，唯有你凝神肃穆，就举手一指，让你也说两句。

你大吃一惊，缓缓站起，瞠目结舌，忽然看见掌教头顶，挂在讲堂正中的匾额上写着"言忠信、行笃敬"。这句话你懂，进校第一天就学习过这条校训。

你把这句话念了一遍，然后没词了。

掌教也抬头看匾，捋须点头："敬字功夫，乃圣门第一义。诸生所言，论机锋各有妙趣，若论谦恭，当数此生稳厚。"他对一众老师说，"微言大义，山谷先生果然识人啊！"

竟然是这样一个全新的角度！全场目光唰地集中到你身上，你的脸腾就红了。

夜深了，你依然在秉烛苦读，一个字一个字地啃，一句话一句话地记。对你来说，刻苦，已经不是能顺口说出的两个字，而是一条求生的路。

老师授课时讲了胡瑗年少时求学的故事："攻苦食淡，终夜不寝，一坐十年不归，得家书，见上有平安二字，即投之涧中，不复展，恐忧心也。"

胡瑗是北宋时的一代大儒，自幼聪颖，被视为奇才，"此子乃伟器，非常儿也"，却科举七次不中。但他仍四处求学，刻苦读书，终于成为著名的思想家、教育家，世称安定先生。

你以此自勉。你对自己不狠，命运就会对你狠。老天爷对人有三狠：一是死，二是忘，三是笨。

你常常读完后面就忘了前面，只能快速翻书复查，往复百次。"幸而书页结实，不易坏。"你时常感叹。

宋朝时造纸工艺已大为改良，不像前朝那样只能使用较贵的麻和缣帛，而是可以就地取材，使用树皮、竹子大量制造，所以宋纸多为树皮纸和竹纸，质韧耐用。

书籍的装帧也随之改进，由卷轴装、旋风装渐变为经折装等册页形式。

宋朝时书籍装帧多为蝴蝶装——将每张书页以有字一面朝上，对面折起，按文字顺序叠成方形的一沓，在书页反面版心处用糨糊逐页粘连。书翻开时需两面分开，书页就像蝴蝶展翅："装用倒折，四周外向，虫鼠不能损。"蝴蝶装的书籍跟现代的书籍装订已经很接近。

古人说欲速则不达，你夜以继日、晨昏颠倒地学习，却因用力过猛而陷于困顿。而且因为长时间坐在油灯下读书，你得了痔疮。

痔疮是一种"钝肉"，上厕所就像是在用板凳使劲，不能顺意通畅。仅仅如此倒也罢了，该钝肉因为你长期憋着劲地恨它，它裂了。

突然裤子上沾了血，被同学嘲笑你才知道。这下糗大了。每个人潜意识里都有一个当众出丑的噩梦，而你，老天爷给了个最别致的。

探究了半天老天爷的人事安排，你才明白：痔疮是一种病，得治。

一直以来，人就爱蹲着，所以古人对痔疮很早就有认识。夏商时的甲骨文中就有关于痔疮的记载。先秦时的《黄帝内经》中分析了痔疮的成因："因而饱食，筋脉横解，肠澼为痔。"宋代的《太平圣惠方》中也有专门论述"枯痔法"的章节。

古代治疗痔疮有艾灸、熏洗、熨帖、针刺、导引等方法，还有手术疗法。马王堆出土的汉代帛书上就记录了一个外科手术治疗内痔的妙法。

方法有了，谁来实施？

书院里的医生称为"医谕"，负责师生的日常医疗保健。你从医谕处讨来几服洗剂，却无任何效果。一个同学告诉你：无论口疮还是痔疮，咱这校医就会这一个方子。

你只好出去找医生。

在宋朝之前，医生的社会地位并不高："巫医乐师，百工之人，君子不齿。"

宋人的观念则大为改观："士人尚医。"

明·仇英《清明上河图》（局部）

范仲淹说过："达则为贤相，穷则为良医。"朝廷还专设太医局，大力发展医学教育，编修医学书籍。

宋太祖时组织编纂了《神医普救方》1000卷和《太平圣惠方》100卷，广泛普及《脉经》《千金要方》等医学书，还在各州县设立太医局熟药所，以市价的一半售卖验方成药，"天子赐钱合药，惠及百姓，不许赢利"，成为普及众生的平价大药房。

并有专门的管理规定："熟药所、和剂局、监专公吏轮流宿值，遇药，民间缓急赎药，不即出卖，从杖一百科罪。"就是官府派专人在各大药房日夜值班，耽误了人家买药治病的就会被杖打一百。

你的问题是：病怎么治呢?

宋朝的医生分为坐医和游医两类。坐医多为著名医师，出诊需要专车接送，还要置备礼物。游医又称"旅医""草泽医人"，多用针灸火罐和一些偏方给人看病，其中有骗子也有高手，碰上什么样的江湖郎中就看你的造化了。

一出书院门就遇到一位医僧。宋朝时的游医一般分为两种，一种是懂些草药方的游方僧人，沿路打着板子叫卖药材；一种是兼职游方郎中的货郎，"攻医牛马小儿"，牛马病了能治，人病了也能治。

古代的货郎有些是万金油式的角色——卖货拔牙，随身带着各种偏方膏药。

听完你的痛苦描述后，医僧哈哈一笑："小郎好运道！本人法名朱刚鬣，专治各种有痔青年！先解衣看来。"

当街围起布帘，检查后他告诉你："中医讲究论症施用，你这个情况适用当下最时尚的枯痔钉疗法。"这种疗法是用乳香、没药、朱砂、雄黄等猛药制成一寸长的"药钉"钉入痔核，使其因毒力而萎缩。简单粗暴见效快。

手术虽小，位置尴尬。钉入药钉后，你只能小步横走，蟹行回校。

好在效果好，药钉配合坐浴没多久就痊愈了。"钝感"消除得很是及时，因为就要考试了。

第三节　发奋学习

窗外的知了们在集体背课文，黑板前的老师在画枕头。体育课时的蓝天蓝到发暗，数学课时的篮球架瘦得孤单。现代的学校用分数评判青春，古代的书院也一样要考试。

《中国书院史》中记载了宋时延平书院的课程表：

一、早上文公四书，轮日自为常程，先《大学》，次《论语》，次《孟子》，次《中庸》。六经之书，随其所已读，取训释与经解参看。

二、早饭后编类文字，或聚会讲贯。

三、午后本经、论、策，轮日自为常程。

四、晚读《通鉴纲目》，须每日为课程，记其所读起止。前书皆然。

五、每月三课，上旬本经，中旬论，下旬策。

意思是每天早上研习四书五经，有不懂的地方自己翻参考书；早饭后读分类编录的教材；午后学习本经、论、策；晚上读《通鉴纲目》。每天学了什么要做记录，每月三次考试：上旬考经书，中旬考史，下旬考策论，考后"文理优者，传斋书德业簿"，即优秀的考卷、读书笔记会让全院传阅共赏。

现代学校除了月考就是期中、期末两次考试，古代书院每月就要考三次，这学习强度让你有些吃不消了。

吃不消也得咬牙撑着。在这里想躺平混毕业？只能是做梦。书院有严格的考核制度，"月终则进课于内，岁终则考最于外"。学业不精者会被劝退。毕业时也要考试，而且有名额限制。不但要学会，而且要学精！

除了考试，平时还要检查作业。书院会发给学生日课簿、日程簿等簿册，让学生按经史策分类做读书笔记，老师每天检查，"置进学日记，令躬课其业，督以无怠"。

现代的读书笔记，多是读书时有小火花才记录，三言两语，只记个人金句。古代书院的读书笔记就是每天的作业，而且分早上、早饭后、午后和晚上四个时段布置。一日四晌，晌晌不凡。

　　古代书院多为私学，实行开放式的人文教育，目标是将学生培养成行为践履与道德理性相统一的儒士，达到"习与智长，化与心成"和"渐入礼仪而不苦其难，入于中和而不知其故"的境界。教学方法也注重启发引导，提倡切磋讨论，学习以学生个人读书钻研为主，"每旬山长入堂，会集职事生员讲授、签讲、覆讲如规，三八讲经，一六讲史，并书于讲簿"，意思是掌教给大家讲公开课，三、八讲经书，一、六讲史书，并记录成讲义。

　　你所在的应天府书院创建于五代后晋时，原名为睢阳学舍，大中祥符二年（1009年）诏立为应天府书院，景祐二年（1035年）改为应天府学，成为官办书院，办学理念也倾向于培养科举

宋·佚名《初平牧羊图》

人才。学生中的佼佼者会被保送至官学的最高学府：太学。

保送这种事，坦白说你想过。好吧其实你经常想。但你的脚趾告诉你：这事不可能！

书院里那些才思过人的辩手尚且不够分名额，这种好事怎么能轮到你？

书院里的风云人物，是那些讲堂上意气风发的辩手。

书院的一大教学特点是"问难论辩"，以培养学生的思辨能力。古人认为："读书无疑者，须教有疑，有疑者，却要无疑，到这里方是长进。"除了邀请本院或院外的名师大儒开"会讲"，给大家答疑解惑，书院还定期举行"讲会"：请本院师生或社会贤达对某一主题阐述自己的观点，见解不同就相互争辩讨论。不管你是学生还是大儒，不必顾忌什么"师严道尊"，大家自由辩论。

优秀的辩手还会被邀请到全国各大书院或京城太学、国子监参加会讲，从而名动天下。

想当一名好辩手，要学问精深，要才思敏捷，要语言犀利，还要天生爱杠，这些你都不具备。

你连作业都写不完。不是懒不是慢，而是不懂。

因为你基础太差。老秀才在堂上摇头晃脑讲书时，你端端坐着，脸上挂着"我明白"的矜持笑容。因为手里的蛐蛐正用足爪挠你掌心。

那时的你等着看老师听到蛐蛐叫时的神情。

现在的你躲着老师找人答题时的目光。

在书堆讲堂里挣扎了几个月，你明白了一件事：不会，就是不会，再使劲都不会，像脑袋里长了痔疮。

怎么办呢？一场痔疮手术让你又明白了一件事：痛，一定要除根。

你借来坊刻版的初级教材堆在斋舍里，利用一切空闲时间从头温习。人家梳头篦发，慢绾发髻，你胡乱用手一刨。人家细嚼慢咽，举杯邀月，你胡乱填塞几口。

你又发现了一件事：时间就像棉絮里的水，挤一挤就有了！比如晚睡四刻早起四刻，就能省出整整一个时辰！

你吃得快走得快读得快写得快，各种快不仅省时，还能健脑，你发现自己思考和表达也快了。

你看着堆满床头桌面的书，大声对自己说："一共就这么多！就这么多而已！"

这已经不是一个似乎永难完成的任务了，你渐渐有了信心。

第四节　水灾

风是天的心思，云是天的表情。当天阴沉下来时，人间也随之黯然。

宋朝时设有专门的气象预报机构，由太史局和天文院共同负责，通过观察天象推算节气来预测天气，还有很多气象专著，如《云气测候赋》。

《宋会要辑稿·瑞异》记载："（端拱）二年十二月丙辰，大雨雪。前二日，太史言：'月有苍白晕，西有黑气丈余，占云雨雪之象也，至是果验。'"月亮有晕环，西天有黑气，是云雨雪的预兆。

真宗天禧四年（1020年）四月六日，一场沙尘暴刮得天地变色："大风起西北，飞沙折木，昼晦数刻。"这场大风两个月前就已被预报："四年二月，月犯箕，占曰：有大风。"月亮遮住人马座，预示有大风。

宋时民间的天气预报由寺院负责。

《梦粱录》记载，每日拂晓，寺中的头陀就敲着铁牌或木鱼沿街报晓，同时还报天气，晴天则报"天气晴明"或"大参"，阴天则报"天色阴晦"，雨天则报"雨"……这免费的天气预报每天都有，像闹钟一样准时。

从四月到八月，雨已经下了四个月。老师忧虑地说："这雨再这么下下去，怕是就要起水了。"《宋史》载："（元祐）八年，自四月，雨至八月，昼夜不息。"

在中国五千年历史上，一共出现过五个气候异常期，其中一个就在宋朝。

公元800年至1200年为全球次气候适宜期，为近两千年来最温暖的时期，到公元1200年前后则进入气候寒冷期，为中国最冷时期之一。

气候的剧烈变化导致宋朝自然灾害频发。

据《中国历代天灾人祸表》统计，两宋时期水灾有462次，其中公元1080年至1086年连续七年每年都有水灾，以河南、河北、山东受灾最为严重，均为大雨导致黄河决堤。

为防灾救灾，宋朝设置了专门的路（相当于现在的省）级救灾行政机构：提举司和安抚司。

提举司也叫常平司，平时向朝廷上报地方雨雪多寡、农业收成、粮食籴粜的数量价格，并适时收购粮米存储，既能调节粮价，又可作为荒年赈济的储备。

而安抚司则作为朝廷特派的救灾专员，安抚灾民，开展赈济，并向朝廷汇报灾区情况。

宋朝还建立了一套完善的社会救济政策体系——灾前兴修水利，储粮灭蝗；灾时就地赈灾、以工代赈、减少税收，荒年募兵；灾后资助钱粮帮助灾民返乡重建，收养贫困人口，医治贫困病患者，埋葬贫困死者。

通过这些措施，减轻了灾害损失，减少了流民。

宋朝的统治者目的固然是稳定社会，加强社会控制，但仍体现出了赵宋王朝以仁治国的人性特色，体现出了中国古代农耕社会的人文情怀。

比如利用民间力量赈灾的"劝分"。所谓劝分，就是劝富户以平价或减价的形式出售粮食或物资赈灾。官府则会对这些富民给予官职或物质的奖赏。

比如官方救济的兜底政策："仰守令多方招诱归业。内阙食不能自存之人，依灾伤法赈恤。即虽归业而无力耕种者，令提刑司以牛具、种粮借贷之。"让灾民回乡从业，无法自力更生的按规定救济。

比如常设收养救济贫困人口的机构——福田院、居养院、安济坊、漏泽园、养济院、安乐坊、安养院、安济院等，"鳏寡孤独、古之穷民，生者养之，病者药之，死者葬之，惠亦厚矣"。

从弃婴、遗孤、乞丐、孤老的抚养救助，到贫病者的免费医治，再到死者的入土为安，宋朝已经初步具备一个福利国家的宽厚气象。

在官方施行的福利法令之外，官府还会因为气候、收歉、贫病等情况额外延长救济时间，扩大救助范围——

"临安府赈养乞丐人，三月一日已行放散，（但）各无归所"，所以"赈养一月，候麦熟"再遣散。

"鳏寡孤独贫乏不能自存者，以官屋居之，月给米豆，疾病者仍给医药。"鳏寡孤独者，官府会管吃管住管治病。

"遇冬寒雨雪，有无衣服赤露人，并收入居养院。"天气不好时将那些衣不蔽体的人收入居养院。

在这样扶危助困的社会氛围下，人们也多怀"恤孤念苦、敬老怜贫"的善良之心。

吴自牧的《梦粱录》载，大雪天时，"路无行径，长幼啼号，口无饮食，身无衣盖，冻饿于道者，富家沿门亲察其孤苦艰难，遇夜以碎金银或钱会插于门缝，以周其苦，俾侵晨展户得之，如自天降。或散以棉被絮袄与贫丐者，使暖其体。如此则饥寒得济，合家感戴无穷矣"。有钱人会将钱塞到穷人家的门缝里，也会悄悄赠予乞丐棉衣棉被，让这些人以为是老天赐予。

这千年前的文字，至今读来仍暖暖的，这千年前的气质，传承至今。

因为气候异常，连月阴雨，学校提前放了授衣假。

你回到家中，看见爹爹和叔叔正在争论，主因是汴河汛情紧急，州府正召集军民救堤防灾。爹爹意在参与，叔叔意在退缩。

宋朝时黄河最大的分水渠道就是汴河——"汴口析其三分之水，河流常行七分也。"其时，改造工程的款项已到手，大家刚分完钱，正有一种"我命贵，好好活"的心思。

爹爹大声说："河口一决，人财俱空！"

叔父吱呜不去。

爹爹哼一声："你可学江流儿，包好银钱，水来时坐盆自渡。"

爹爹拂袖而去，你紧跟在爹爹身后，出了城上了河堤。他回头看见你时先是一惊，然后会心一笑："我儿可比罗成，十四岁上阵杀敌！"

天如泼墨，雨急风骤，无数军民在堤上奋战，锣声号子声响彻天空。像汹涌拍岸的浊浪，你胸中涌起豪情。

宋朝时救护堤岸有"埽岸""木龙"等法，埽岸就是用木榆柳枝编成巨网，以长竹为骨，填以碎石堆在堤岸薄弱之处，木龙则是用巨木横岸，下垂梳状竖木，架设成木桩护岸。

岸塌土填，水漫堤长，终于，洪峰平安过境了。

水位落下去后，人们才发现，堤上一只镇河的石兽"霸下"，在水冲塌堤岸时翻落河中。人们用长索缚住兽身，喊着号子往上拉，奈何这只巨兽重近万斤，众人只有望河兴叹。

有人喊："可取怀丙和尚之法！"治平年间黄河涨水，把牵拉浮桥的铁牛冲入河中，有个叫怀丙的和尚用船载土、缚住铁

宋·佚名《赤壁图》

牛，卸土后舟浮牛出。

于是众人移来两只装满泥沙的大船，用铁龙爪钩住石兽，卸掉船上泥沙，石兽随船拔出河底，移向河岸。可是河堤陡滑，大家试了各种办法，再无法将石兽挪动分毫。

你想起苏先生的那台观天仪，突然有了办法，就上前自告奋勇。

河官想了想："既无他法，姑且一试。"

你指挥众人在岸上打下两根木桩，用长索一端缚住石兽，一端系在船上，长索中部一处绕过一根木桩，卡在另一根木桩上的绞盘上。一声令下，大船升起风帆顺流而下，一队人在船上划桨，另一队人在岸上用长木转动绞盘。合力之下，在震天的欢呼声中，石兽被一点点拖上了堤岸。

在两岸近万人的注视下，河官端着一斛酒走过来，看着满身满脸都是泥水的你，赞叹地对爹爹说："生子当如此！"

你接过酒一饮而尽。

也许是酒太烈，也许是人太累，一时竟有些晕眩。你仰起脸，在阴云的裂隙间，一缕阳光透射下来，将云边染成绚丽的金红。

第五节　打仗了

　　古人内敛。行事庄重，语言凝练，往往几个字就把刀光剑影、生离死别轻轻带过，简单平静，近于冷冽。

　　假期未过，书院的舍友给你寄来一封信，只短短一行：西夏兵乱，弟平安。

　　绍圣三年（1096年），西夏兵侵宋鄜延，陷金明堡。

　　舍友父亲远赴鄜延路任都指挥使，半年前举家迁走。

　　宋朝时的军队分为禁军、厢兵、乡兵和蕃兵。禁军是军队主力，以50人为一队，2队为都，5都为营，5营为军，10军为厢，厢设都指挥使。

　　你捏着这张薄薄的信纸，却隐隐觉出了时世的沉重。

　　古代没有网络，但有朝报记录朝政新闻发往各州县，只有官员能够看到。宋代已有民间办的报纸，称为"小报"，刊登各种时事要闻和花边新闻。一旦有战事，普通民众也能获取一些时局信息：亲友的信件、逃难的流民和驿兵军卒等等，虽然看不见烽火，但兵灾一起，风都是冷的。

　　自宋仁宗景祐五年（1038年）党项首领李元昊建立大夏国（史称西夏）自称皇帝后，宋和西夏就战火不断，其中三川口之战、好水川之战、定川之战宋朝三战皆败。

　　庆历四年（1044年），北宋与西夏达成"庆历和议"：宋朝每年献给西夏银5万两，绢13万匹，茶2万斤，另外，每年还要在各种节日给西夏银2.2万两，绢2.3万匹，茶1万斤。这次和议换来近半个世纪的和平。

到元祐五年（1090年），双方因为划定边界问题又起争执。宋朝在边界处退后二十里将其划为双方边界区，西夏要求将此二十里为西夏领土，宋再划出十里为边界。

由此战端又起。

此时的东京汴梁，一派歌舞升平的安逸景象。

宋朝崇文抑武，太祖赵匡胤自己当年是手握重兵的殿前都指挥使，所以能发动陈桥兵变，逼得后周幼主禅位给他，由此建立宋朝。他忌惮那些自汉唐时就握有兵权挟持中央的藩镇割据势力，通过"杯酒释兵权"将军队控制权收归中央后，又将禁军的两司变为三衙，各衙互相制衡以削弱禁军的力量，并限制武人参政，让文人掌管中央和地方的管理权，极力提高文人的社会地位，将儒学定为终身致仕之学，在全社会培养崇文风气，而武将则受到皇帝、文臣和舆论的层层压制，致使有志者不入行伍，军事人才越来越缺乏。

宋朝灭亡后忽必烈曾询问宋降将：你们为什么投降？

降将回答："宋有强臣贾似道擅国柄，每优礼文士，而独轻武官，臣等久积不平，心离体解，所以望风而送款也。"贾似道把持朝政，重文轻武，我们心怀不满所以投降。

渐渐地，更多西夏兵在边境大肆杀掠的消息传了进来，你在担心舍友安危的同时，又觉出心头隐隐有一种疼。

明·佚名《胡笳十八拍卷》（局部）

　　长到这么大，能够扰乱你心境的，全都是些个人问题。这还是第一次，你觉出了一种宽广的沉重。

　　你是谁？你是别人口中的一个名字，你是对面铜镜里的一张脸。

　　"我"又是谁？是一段时空的起始处，是一个天地的连接点，是一段历史的见证者，是一个民族的继承人。一样的语言一样的五官，一样的基因一样的骨血，这个"我"是这个民族中的一个，而这个民族是千千万万个"我"，当这个民族受到外族欺凌时，就会本能地激发出"我"心底的血性。

　　你跟老师说起边事，老师一挥手："区区西戎，何足挂齿！"

　　古代把少数民族统称为四夷：东夷、西戎、北狄、南蛮。

　　你又跟同学们说起边疆战事，他们也都不大感兴趣，继续埋头钻研课本，有一个还拍拍你肩膀好心劝导："壮兄，读书要紧，功名要紧！"

你默然回舍读书，终是心意难平，把书一丢，铺纸研墨，草书一首《闻西夏袭边有感》：

冷月横空贺兰斜，

战马垂缰胡风歇。

可笑书生不识愁，

犹自摇头念子曰。

写完大名一署，贴到了讲堂门边的柱子上。墨还未干，沿着纸边缓缓滴下。

没过多久就有人飞跑过来，把你叫到掌教屋里。掌教站在几个老师中间，正拿着你的诗展看。

见你进来，一个老师说："壮郎，你这个韵不对啊！"

另一个老师问："你……你见过战马吗？"

你举手行揖礼："恩府，生曾记岑嘉州有诗云：'马毛带雪汗气蒸，五花连钱旋作冰。'以此可见战马风貌。"

屋子里静了下来。掌教看着你，微微点了点头。

掌教也叫山长、堂长，相当于书院的院长，不仅要求文采好、学问深、行义优，"乡论"也要好，即在地方上和学术界的口碑都要好。尤其是宋时"六大名校"的校长，多由当世"学行兼善"的名士大儒担任。

贴诗事件后没几天，书院的讲会即以此为题发起讨论："我们在这里，到底学什么？"

这场辩论会你不上都不行了。站在讲堂上时面对书院里的几位著名辩手，你心里直打鼓。

他们用不屑的目光看着你：这是谁呀？没见过嘛！

按照各自观点，你们分为"学德识"和"学行义"两派。你是"学行义"一方，对方人多，你这边就你一个。原因很简单：大家都认为你立论的根基不实。

对方先发难："为学学什么？学修身学处世学接物，这三者是什么？是笃行。笃行的原则是什么？就是德。义只是德行的一部分，所以我们在这里，就要学德识。"

见你张口结舌，对方的二辩三辩轮番上阵，引经据典，侃侃而谈。这些人最擅长清谈，而形而上的"德行"，又是清谈的最佳议题。

人家讲完了。台下的学生和台上的老师一起看着你，讲堂里静下来。

这么长时间的自学，让你得了一个意外的好处：对儒学一些最基本的思想，因为没有老师灌输，倒让你有了一点自己的见解。现在难的只是要找出一个破绽来反击对方。

你问："咱们要学习成为一名'士'，何为'士'？"

对方有些轻敌，没有细想随口就上钩了："有德行者为士。"

你问："士为四民之首，但无恒产，自古名士多贫寒，怎么保障德行呢？"

对方答："士无饥渴以害其心，咸自砥砺，以成其业。"

你问："如果官家不养士，民间不尊士，无阖庐以辟燥湿，无短褐以御风寒，无粝粱之食以活躯命，怎么保障德行呢？"

对方结巴了。你又问："义为天地之道，德为为人之道，这怎么能够相比呢？"

你接着问："先有义，才有德。我们在这里不学习承天启世、经国安邦的大义，只学习待人接物、安身立命的小德，这不是本末倒置吗？"

对方面红耳赤地败了。众人惊讶而钦佩地看着你。你注意到掌教看你的目光中，满满都是赞赏。

对方也都注意到了，此后你在书院的日子就不好过了。先是谣言四起：想进应天府书院需要先参加入学考试，"引疑义一篇，文理通明者，请入书院，以杜其泛"，而你对了几句诗就进来了，就因为你是黄庭坚的亲戚。

讲会后你的自信心大涨，更坚定了自己的学习思路：先思辨，后背读，理解后记得更快。你的学习一天天赶了上来，年终考策论时你洋洋洒洒近千言，交卷时脚步轻快，沉浸在对自己精思妙语的自得中，忽然瞥见那几个辩手眼中的嫉恨，像一闪而过的刀光。

你等着考卷评语后被全院传阅，谁想放卷子的讲堂突然半夜起火。你随众人去救火，你曾跟爹爹救过火有经验，指挥众人先抢搬容易引火的大撂考卷，而放在掌教桌上的你的考卷，被火焚尽了。

第六节　保送大学

火灾之后，书院一边在讲堂斋舍、书楼书库、祠堂庙宇、仓廪厨房各处检查消防隐患，一边派各斋长、执事暗中查访起火原因。

起火点就是你的考卷，原因几乎不言自明。有人惋惜摇头：这次年终考事关重大，可惜壮郎的好文章了！

有人幸灾乐祸：烧得好！走后门进来的，天自罚之！

院里安排重考，所有人当面试策，考题现场抽签，展开纸签看完题目后就要当场作文，难度非常高。

你信心满满：烧卷子其实是对你的最大肯定，比不过只好毁之！

你被安排最后一个考。讲堂内只剩下掌教、讲书和司录等人。答辩后掌教突然问你对火灾的看法：会不会是有人故意纵火？

你答：意外而已。

掌教和众老师相互看了看，点了点头。

授衣假前掌教把你叫到屋里，问了问功课进度和家里情况，然后像是突然想起来，说有个去京城太学游学的名额，问你去不去。

你立马回绝："不去。书院很好，为什么要去太学？"

你知道太学很好，但并不懂有多好。在你眼里心里，书院已经极好，没必要更好。

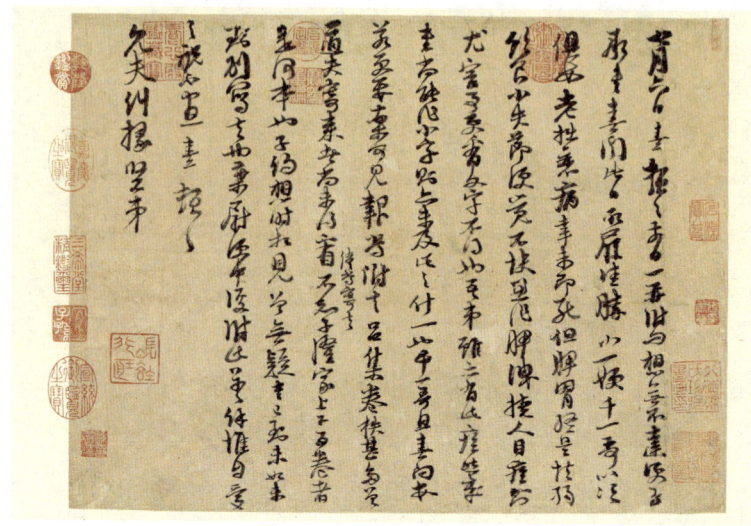

宋·朱熹《大学或问手稿》（局部）

宋时太学，相当于我们现在的大学。

宋朝时太学隶属于国子监，最开始时只有七品以上的官员子弟才有资格入学，每年只招七十人，后来才招收"八品以下子弟若庶人之俊异者"。地方州府生员经官员考察推荐，再由太学考试筛选，成绩优异者才能进入太学。

还有一种人可以入太学，就是"八行"，即孝、悌、睦、姻、任、恤、忠、和，这八个方面优秀至声名远扬者："保明如令，不以时随奏贡入太学，免试为太学上舍。"也就是品德高尚者可随时免试入学，跟现在的优秀学生保送大学是一个道理。

太学和书院都是培养儒生举子的教育机构，教材都是四书五经。宋代书院的教学宗旨多以"举业"（科举考试）为重。太学是古代的国立最高学府，也以培养科举人才、选拔后备官员为主。如果把科举比作现代的高考，书院相当于各省的重点中学，太学则相当于汇集天下人才的国家级重点中学。

在太学里授课的都是当代大儒，不仅教学水平高，学生还享有生活补助、免役、免丁税等特权："所给学廪，动以万计，日供饮膳，为礼甚丰。"可谓经费足，伙食好。

在这里还能结交全国最优秀的人才和贵族官僚子弟，为将来的仕途打下基础，而且学生成绩优异者可不用参加科考，直接获荐授官。

北宋时每年科举高中进士的人中，太学生就占了三成。

掌教听了你的答复，先是睁大眼，尔后沉默半晌，最后说："你回家与长辈商议后，再复我。"

回家后你对爹爹说起此事，他顿时急得直跺脚，问你："你……就这么推辞了？！"

你答："掌教让我回家商议后再复他。"

爹爹长出一口气，问你："你们去学校，为了学什么？"

要辩？你顿时来了精神："学义理学知识学修身学……"

爹爹说："不，为了学'德'。有德才能识义，识义才能明理，明理才能笃行。去太学能让你更好地学习'德'，为什么不去呢？"

姜还是老的辣。你服了。收假回校后，你第一件事就是去拜谢掌教。

你被推举到太学了。

消息在书院正式公开，同学们知道后，由不相信到羡慕，由祝贺到嫉妒，复杂而微妙的情绪弥漫整所书院。

太学位于东京城南，在龙津桥以南、御街以东这一大片区域内，集中了国子监、太学、武学院、三学院和辟雍等。辟雍是古代用于祭祀的场所，宋朝时改为太学的预备学校。

太学大门外是两棵一抱粗的老槐，进中门更是槐林竹海，高大整齐的屋舍排列两边。到底是北宋第一学府，跟应天府书院一比顿显气势雄壮许多。

如果是以前的你，说不定就按捺不住心里的激动要赋诗。

但现在的你稳重多了，安置好行李后你在学校里熟悉环境，背着手踱步，心里万千波澜，脸上一片安闲。

多少寒冬酷暑，多少苦读苦思，才换来这一份少年老成？

你神情庄重，直奔厨房。

这不能怪你，宋朝时不能男女同校，一帮少年整日除了大眼瞪小眼，就是苦读圣贤书。

在轮番的学习轰炸中，吃成了唯一的乐趣。你不是吃货，只是去看看厨子们好不好。

现在是元符二年（1099年），你已经学会给自己的每一个心思找一个冠冕堂皇的理由。

厨房在三进院落的最里面。离老远你就知道，厨子们很好。白墙青瓦上槐枝竹叶间，鲜香味袅袅飘来。

当你站在人生的新起点，仰脸看西天灿烂的晚霞，你耸鼻闻远方，觉得这充满希望的空气……带着点酱香。

太学的学费原本是每人两贯钱："但补为生员，即纳束脩二千，属监司公用。"

到你入学时，不但改成了免费入学，还要发伙食补贴等各种补助，怎么说呢？你突然就觉着自己阔了。而且每天上课时坐在讲堂里，看着过道窗门处挤满的旁听生，莫名就有了一种优越感。

王安石熙宁变法后，太学实行"三舍制"，生源也扩充到近三千人，却仍无法满足无数士子的渴慕，每天上课时，讲堂内外都挤满了旁听生："常有外来请听者，多或至千数人。""初讲旬日间，来者莫知其数。堂上不容，然后谢之，立听户外者甚众。"人多到室内容不下，谢绝入内后仍有很多人站在室外听讲。

这让你更加体会到臀下这张板凳的价值。

太学的课程设置与书院相同——除讲授儒学经典外，一样设有医学、律学、武学、算学、道学、书学、画学，也分"经义"和"治事"两斋。作为一名"经义"斋学生，最显水平的就是赋诗作论。

以前，太学跟应天府书院评价好诗文的标准是——意奇韵险。学生们为了胜人一筹而追求字生典僻，往往你还没想明白那些古早的典故，人家就齐声叫好。而你的诗都是有感而发，用典？自己以前说过的就是典故。老师评价你的诗："意虽酣畅，略狷狂失雅。"师兄们说你的诗憨直，称为"憨体诗"。

如今，你赶上了好时候。

欧阳修当科举考官时欣赏平易流利的文风，对那种晦涩艰僻的文风深恶痛绝，称之为"太学体"，说文中都是"怪诡之词"，"痛排抑之"，对那种腔调的考生一概不取。

据说曾有位刘几，号称太学"国学第一人"，此公多才多艺、狂放不羁，科举时洋洋洒洒作了一篇太学体雄文，被欧阳修一个红叉直接毙掉。经过欧阳公对文坛的整肃，那种险怪的文风如今在太学没有市场了，倒是你"简而为文，平淡造理"的诗文受到了好评。

尤其是来太学留学的高丽留学生，对你的文章赞不绝口。

在古代，因为中国的文化发达程度远高于周边国家，基本上都是周边国家向中国派遣留学生，而中国学生出外留学几乎没有过记载。

唐代时朝鲜半岛的新罗政权就派遣大量士人到中国留学，宋朝时因为辽、金的阻隔，朝鲜的高丽政权派往宋朝的留学生虽然很少，但高丽国一直"尊中国而保东土"，不断遣使来朝。

高丽政权也叫"王氏高丽"，是朝鲜半岛上的古国之一，曾与新罗和百济三国鼎立，公元936年统一半岛实现"三韩一统"，政权延续了近五百年。

高丽著名大臣李穑曾写诗纪念："国家遭遇宋文明，礼乐交修最太平。制诰褒崇天语密，朝廷覆焘海封清。病求药物来医老，闲阅军容报祸萌。万古难磨忠义在，小中华馆岂虚名？"说我们一直尊崇大宋的文化和礼制，对宋朝的忠义，再多磨难都不会改变，小中华馆就是证明。

小中华馆就是宋朝接待高丽使者的场馆。

高丽与宋朝文化同根，"书同文，遵华制"，高丽士人仰慕宋朝文化，留学生在宋朝科举及第后一般都留宋为官，据史书记载，有位叫金行成的高丽留学生，进士登第后留在宋朝，高丽王"表乞放还"，但他拒绝回国："行成自以筮仕朝廷，不愿归本国。"意思是我初到朝廷为官，不愿回去。后来金行成因为想念双亲，请人画父母像置于正室，如此也不愿回去。

因为与辽国战争，宋朝与高丽的关系一度中断。直到元符二年（1099年），高丽又向宋朝提出派遣留学生的请求，《高丽史节要》记载，"宋帝诏许举子宾贡"，宋朝皇帝同意了他们的请求，中断了八十多年的留学生派遣制度在这一年才恢复。

而你，想不到自己竟然有了外国粉丝，挺激动。

留学生对你说："大壮兄，我们一听你的诗就特别有共鸣！"

这当然要问下原因啦！你让他们抽丝剥茧、科学精准地描述一下你诗歌的妙处。

他们说："就像我们写的中国诗一样，要努力显出很懂很会的样子！"

第七节 暗恋

男生情感晚熟，这一点自古相同。但再晚，也终是要熟的。你心里有了一种说不清道不明的愁绪。

《诗经》里说："窈窕淑女，君子好逑。"

女子你见得多了。太学周围不少秦楼楚馆，经过时就有娇娘倚栏笑望。

太学生们聚会时也会叫歌姬，《癸辛杂识》中记载："学舍宴集必点一妓，乃是各斋集正自出帖子，用斋印明书仰北子某人到何处，祗直本斋宴集。"宴会请歌姬要以班级名义给人家下请帖。

这些欢场女子虽然也秀雅可人，却根本不是你想要的。

你想要那掬不起的月光、下不完的秋雨，想要夏晚时那明亮而深静的天光。

这天，舍友约你去大相国寺看书展。宋朝时把书展称为"曝书会"，那时的公共图书馆有国家设置的"三馆秘阁"：昭文馆、集贤馆、史馆和秘阁，另外国子监、御史台、司天监等机构也设有藏书处，以"蓄天下图籍，延四方之士"。但这些都只对士大夫开放。而地方州府县的藏书楼则允许地方士子借阅。

宋朝时每年七月初七各图书馆都要举办"曝书会"，把藏书拿出来晒太阳，以驱虫防霉，一般会延续月余，成为爱书人士相互交流的盛会。

中国最早的书市，是公元4年出现于汉代长安太学附近的"槐市"，因为把书摊摆在一大片槐树林里而得名，每月初一、十五开市两场。唐代刘禹锡在诗中写道："槐市诸生夜对书，北窗分明辩鲁鱼。"

而西方的书市直到13世纪才在欧洲出现。

大相国寺是宋朝最大的皇家寺院，建于北齐天保六年（555年），是东京城最繁华的商业中心。

《燕翼诒谋录》中记载："东京相国寺乃瓦市也，僧房散

宋·佚名《仙馆秋花图》

处，而中庭两庑可容万人，凡商旅交易，皆萃其中。"《东京梦华录》中说："每月五次开放，万姓交易。"就像可容万人的大商场，做买卖都在这里。

《东京梦华录》里记载了大相国寺庙会的热闹景象："大三门上皆是飞禽猫犬之类，珍禽奇兽，无所不有。"

有百货市场："庭中设彩幕露屋义铺，卖蒲合、簟席、屏帏、洗漱、鞍辔、弓剑、时果、腊脯之类。"

有文化用品："孟家道冠、王道人蜜煎、赵文秀笔及潘谷墨。"

还有手工艺品："占定两廊，皆诸寺师姑卖绣作、领抹、花朵、珠翠头面、生色销金花样幞头、帽子、特髻冠子、绦线之类。"

还有"书籍、玩好、图画及诸路罢任官员土物香料之类"。

这里还是美食集中地。

寺内僧人厨艺高超："每遇斋会，凡饮食茶果，动使器皿，虽三五百分，莫不咄嗟而办。"斋会上的饮食价格便宜，立等可食。

你现在兜里也有些钱了，正想消费，趁着放旬假和舍友欣然前往。

寺内三教九流摩肩接踵，万千货品琳琅满目，和书院相比，这里的烟火气让空气也浓稠了。

书展位于后殿的资圣门前。

宋朝时的书展不仅展出书籍，还有古器、字画、琴砚等器物，有些露天书摊就在树上绑了绳，字画条幅就挂于其上。

微风起时，掀起了书摊边一个少女的面纱，被你一眼看见。一眼万年，怦然心动。

那双眼睛，就像古诗里的月光，就像古画里的溪声，就像你一直憧憬着的，却又说不清道不明的一切。

只是一瞬。少女低下头，和身旁的婢女转身走了。你跨前一步又站住，眼睁睁地看着她俩上了一辆小舆，隐入人群不见了。

你怅然若失，舍友笑了，告诉你那个女孩他认识，是太学生赵明诚的未婚妻李清照。

听罢，你怅然若失。

至少你还是很有眼光的。

舍友也和你一起惆怅地望着她消失的方向："常记溪亭日暮，沉醉不知归路。兴尽晚回舟，误入藕花深处。争渡，争渡，惊起一滩鸥鹭。"

他说："这是李清照十来岁就写出来的，从闺中传遍京洛，才情可见一斑。"

你喟然长叹："缘何不得早见君面！"

舍友也叹。

宋朝时的法定结婚年龄是男十五、女十三。那时候的早婚童婚现象十分普遍，宋人认为早结婚早生子早享福，也有亲上加亲及世代通婚的习俗。

赵明诚的父亲赵挺之官至左仆射，李清照的父亲李格非为礼部员外郎，两家可谓门当户对。

据说赵明诚有一天与李清照从兄李迥外出游玩，在相国寺赏花灯时与李清照相识，赵早就倾慕李的才情，一见本尊顿时动心，回家后就对父亲说了一个"言与司合，安上已脱，芝芙草拔"（词女之夫）的字谜，赵挺之猜出了儿子的心思，马上派人去李家求亲。

就此断了你的痴心妄想。

就此你开始留意赵明诚。除了出身比你好，其他不论是长相、性情还是饭量都不如你。但这种优势只有你自己知道，实在让人郁闷。

课业加重了。老师说："明年就要大比了，各位十年寒窗，功名前途，就看明年了！"

你眼前一亮：如果明年科举能金榜题名，不就会让她知道世间有个你吗？

第八节　月考

宋朝的太学也有月考。

熙宁四年（1071年）开始在太学实行"三舍法"，艺可以一日而校，行非历岁月不可考。技艺可以快速鉴定，人品则要历经岁月才能考察，以建立对学生的长期考察制度，真正实现"学而优则仕"。

什么是三舍法？

顾名思义就是将学生分为外舍生、内舍生、上舍生三等。

上舍生一百人，内舍生二百人，外舍生不限数额，所有经过考查入学的即为外舍生。

学校每年进行一次"公试"，学业、品行都优秀的外舍生可以升级为内舍生。每隔一年举行一次"上舍试"，品行兼优者可以升为上舍生。

上舍生根据成绩和品行分为三等。上等生上报朝廷直接授官；中等生可以免除科举的前几场预考，直接参加殿试；下等生也可以获得"取解"资格，还能留校任教。

有升就有降。

老师每个月对自己的学生进行一次月考，即"私试"，并记录学生日常的学业和品行情况，私试三次不合格的，上舍生降为内舍生，内舍生降为外舍生。

你进太学的这一年，哲宗元符二年（1099年），宰相章惇订立三舍升贡制度："初令诸州推行三舍法，应尝置教授，州学考选、升补，悉如太学。州许上舍一人，内舍二人，岁贡入之京师。"即各地推广三舍法，每年给名额选拔优秀学生入京城太学。

也是这一年，宋朝对太学考试不及格者也有了规定："通三试不升舍者，遣还其州。"也就是说考试不过的会被勒令退学。挂科及违规者，经补考仍不合格的留级或退学。

什么仇什么怨？你一来制度就变！

也是这一年，因为这些教育改革，许多老师被派到州学"支教"，你的老师换成了谢良佐。

谢良佐1050年生于蔡州上蔡（今河南），字显道，人称上蔡先生，是上蔡学派和心学的奠基人，湖湘学派鼻祖。

谢老师第一次到斋里巡视时，你举着书皱眉噘嘴，一副苦读苦思的模样。谢老师对你说："莫为婴儿之态，而在大人之气。"

你震惊了！以为他一眼就看穿了你——看着萌萌的，实则将成大器。

但舍友告诉你，这句话是谢氏家训里的一条，意思是：不要做出小儿女的姿态，而是要追求成为大器。

舍友接着告诉你，谢氏家训其余几条是——

脱去凡近，以游高明。（脱离那些凡夫俗子，去结交有识之士。）

莫为一生之谋，而有天下之志。（不要只是谋划自己的一生，而要为天下人谋福祉。）

莫为终生之计，而有后世之虑。（不为此生而蝇营狗苟，要考虑身后的名声。）

不求人知但求天知，不求同俗而求同理。（做事不求人们认可，要心存敬畏，不盲目从众，要追求真理。）

舍友还给你讲了谢老师的几则轶事。

谢良佐二十九岁时已很有名气了，他去向程颐求教，程颐以贵客之礼相待，谢良佐却说："我是来求教的，愿做您的弟子。"程颐就没客气，安排他到一个房顶漏雨、四壁透风的破屋里住，当时正值寒冬腊月、大雪纷飞，饥寒交迫的他却毫不在意，刻苦学习而大有收获。

平常他严于律己，在每天的日记里进行反思，如果有违背礼仪之处就惩罚自己。

他说过，要克制自己，必须从本性最难克服的地方克服。他认为提高自己的最大障碍在于"矜"，刚愎自用、自欺欺人皆是因"矜"而起。

他和程颐分别一年后再见，程颐问他这一年有何进益，他答："唯去得一'矜'字。"程颐大为赞赏。

自此，"良佐去矜"成为佳话。

在哲宗朝，因为党争导致治学理念和教材不断变化。

王安石代表的新党认为："夫课试之文章，非博诵强学、穷日之力则不能。"国家需要的是实用型人才，而不是老学究。所以王安石罢诗赋而重经义，以《三经新义》和《字说》作为太学的教材。

而以司马光为代表的旧党则认为："取士之道，当先德行，后文学。"老学究怎么啦？老学究人品好！于是《三经新义》和

宋·王安石《行书楞严经旨要卷》

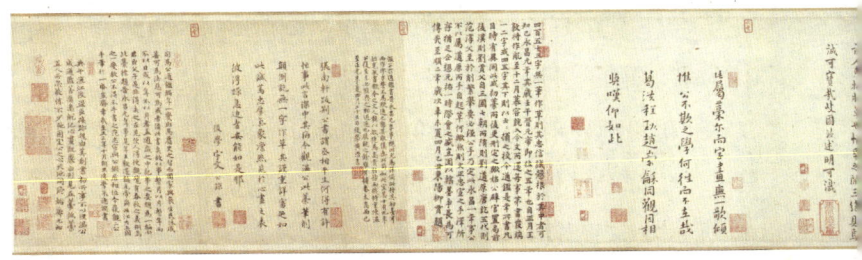

宋·司马光《资治通鉴》残稿图

《字说》又被逐出教材。

　　而你在太学读书时，因为是新党章惇为相，课本又改回《三经新义》和《字说》。诗赋变得不重要了，重要的是要学会并解释那些儒家经典的义理。

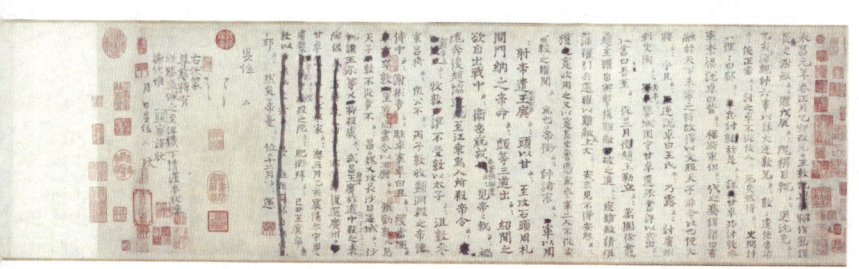

　　你问谢老师什么是理。他没有翻开那些圣贤书给你讲解，而是用手指天指地指你，然后告诉你，学习不能去探求一物一理，而是要"穷其大者"，抓住最重要的道理。"万物皆是一理"，万物都是"天理"的体现，天是理，人也是理，遵循"天理"则天与人合一，人与天合一，则我非我，而是理。人皆有心，心就是理。

你手抚胸口，细细体会。又问谢老师："我这颗心，一会儿知道人要求学奋进，一会儿又觉学习枯燥想要休息，这是为什么呢？"

谢老师说："天理与人欲都是与生俱来、自然而然的，两者相对立，要恢复天理，就必须扫除心中的人欲。"

你突然想起在义塾时杨时老师告诉你的，你也可以做孔子那样的圣人，忙问谢老师："那么我也可以做圣人喽？"

谢老师说："吃尽一个'苦'字，穷尽一个'理'字，就能认识你的'真我'。你就是理，理就是你，心与天地同流，体与神明为一。"

你记住了老师的话，时时琢磨，渐渐有了些心得——所有的学校所有的书，都在传导一样东西：圣人之"意"。即所谓"理"。这个"意"或者说"理"，原本就在每个人的心里，只是因为懒馋蒙昧等自己意识不到。学习的过程就像一个失忆者被不断启发，最终找到了真我。

这么一想，之前看到那些经史子集时的畏难情绪，就减轻了许多。

圣人有的，原来自己也有，这种感觉真不错，而且学习不是外求而是内省，这似乎就简单了许多——兜里找钱谁不会？

当月月考时，你就以"论理"为题作了一篇文章，把谢老师的教导和自己的感悟糅杂在一起，写到最后忘乎所以了，以理学宗师的姿态斜睨天下："嗟乎，余见天下人多不识理，昧然一生，痛哉！"

同学们说你写完去交卷时，情绪依然难以平复："手舞之，足蹈之。"

三日后考试结果揭晓，你这篇文章被评为优等。成绩突出又从未违反校规，"行"（品行）、"艺"（成绩）皆佳，你被学校评定为"优"。

太学有规定："公试，外舍生入第一、第二等，参以所学行艺与籍者，升内舍；内舍试入优、平二等，参以行艺，升上舍；上舍分为三等，俱优为上，一优一平为中，俱平若一优一否为下。上等命以官，中等免礼部试，下等免解。"优秀者逐级上升，授官免试好处多多：上等直接授官，中等直接殿试，下等免解直接礼部试。

也就是说只要你能保持住这种态势，就能从三千外舍生中脱颖而出，升舍授官，而不必去跟全国学子争科举。

可你不想免考，只想与赵明诚同台竞技。

第九节　流行歌

古人爱唱歌，而宋朝的流行歌就是宋词。

词始于梁成于唐，盛于宋朝，留存至今的词只剩下了文字，但在当时是有曲子的，每一首词的词牌就是一种曲谱：满江红、念奴娇、菩萨蛮、如梦令、蝶恋花、沁园春、虞美人、雨霖铃、苏幕遮、声声慢……一共有上千种格式，所以有时候也把词牌叫作词格、词典。

简单点来说，这个词牌的曲调是"彭擦擦彭擦擦"，那个是"彭擦彭擦彭擦擦"。

专业点分类则曲调不仅有平仄的不同，还有格调和意韵的区别。

宋人《吹剑续录》记载：苏轼问友人，我的词比柳永的词如何？友人答，柳永的词适合十七八岁的女孩，拿着红牙板坐唱"杨柳岸，晓风残月"，而你的词，则需要关西大汉拿着铁板立唱"大江东去"。

《乐记》开篇就说："比音而乐之，及干戚羽旄，谓之乐。"意思是只有手持"干戚羽旄"等仪仗舞具的舞蹈队加入后的音乐，才能称为"乐"。

由此看来，每一首宋词在当时都是一场小型的歌舞剧。

你唱的是"俗乐"。

宋朝时官方推崇"雅乐"。"雅"最早指的是一种"楚地的鸟"，后来"言天下之事，形四方之风，谓之雅。疏云：道被四方，乃名为雅"。意思是只有广被天下，通行全国的才能称为"雅"。而"以一国之事，系一人之本，谓之风"。

"风"通于"俗"，是限于时、地，具有浓郁特点的音声和

宋·李嵩《听阮图》

事物。

宋朝时的雅乐，一般指的是宫廷祭祀、典礼活动时所需要的音乐舞蹈，曲风多庄严大气，以有教化之效。乐器主要是编钟、编磬、椌鼓、建鼓等等，每一种乐器的音色和摆放方位都有限定，仪式繁复，规矩众多。

乐队分为演奏堂上乐的登歌乐队和演奏堂下乐的宫架乐队，据《宋史》记载，宋代的宫廷乐队加上文舞队和武舞队，人数多达486人。

而俗乐指的是那些在青楼瓦肆和民间传唱的流行词曲。柳永算是宋朝的流行歌天王了，他原名柳三变，因排行第七又称柳七。

柳永是第一位对宋词进行全面革新的词人，也是创造最丰的词人。他的作品在当时广为传唱，人称"凡有井水饮处，皆能歌柳词"。

宋人唱歌按歌手人数分为小唱和群唱。

小唱一般是一个歌手拿着拍板清唱，也有用琵琶、箫笙伴奏的。群唱顾名思义就是合唱，如晏殊的《拂霓裳·乐秋天》："乐秋天。晚荷花缀露珠圆。风日好，数行新雁贴寒烟。银簧调脆管，琼柱拨清弦。捧觥船。一声声、齐唱太平年。人生百岁，离别易，会逢难。无事日，剩呼宾友启芳筵。星霜催绿鬓，风露损朱颜。惜清欢。又何妨、沉醉玉尊前。"

而你的唱，因为格律不准平仄不清，只能叫"说唱"。

古人认为："凡音者，生于人心者也；乐者，通于伦理者也。是故知声而不知音者，禽兽是也；知音而不知乐者，众庶是也。惟君子为能知乐。"禽兽能听见声音但不能感知音乐，君子不但能感知音乐还能从中体悟。

这些你能不懂吗？你随着音律摇头晃脑，不时打个响指，唱着李清照的新作《如梦令》：

"昨夜雨疏风骤，浓睡不消残酒。试问卷帘人，却道海棠依旧。知否，知否？应是绿肥红瘦。"

你皱眉缩脖，把两只翘着小指头的手抚到心口，柔声对舍友说："昨夜雨急风骤，不知花落多少，烦请君开窗一数。"

舍友朗声答："君何不去死！"

话虽这样说，舍友对李清照也非常仰慕，曾和你细细品评她的两首《如梦令》："争渡"那首，说明她不但是个酒徒，而且出门不记路，是个路痴。这一首呢？说明她不但是酒徒，还懒。

两首综合分析——李清照酒量不行。

你开始憧憬，如果天可怜见，给你一次和李清照对饮的机会，你一定要也一定能灌醉她，然后……哼哼，让她也听一首你写的《如梦令》。

第十节　书画课

在书法课上，你看着滴落纸上的一处墨迹，突然心生顽皮，将其描画成一只雄鹰，在书法作业的一角振翅欲飞。画完你横笔端详，挺满意，一颗心也似要跟着起飞。

舍友看了也赞："好一只肥鸡！"

太学里也有书画课，还会不定期请来书画界的大佬开讲座。

中国最早的"美术馆"是隋文帝创建的。他在洛阳观文殿后，"东建妙楷台以藏书法，西建宝迹台以藏名画"。而最早的书画收藏记录则在汉代，唐书《历代名画记》中记载："汉武创置秘阁，以聚图书，汉明雅好丹青，别开画室。"古代没有现代意义上的画展画廊，画家们展示自己的作品只有三种途径。一种是文人雅集时当众创作，让大家观赏评论，如汉代的"菟园雅集"、东晋的"兰亭修禊"、北宋的"西园雅集"等；一种是到市场售卖，《东京梦华录》记载相国寺有"后廊皆日者货术传神之类"，《梦粱录》记载杭州有专卖字画的"瓦子"多处；一种是收藏鉴赏，分皇室的"官藏"和民间的"私藏"两种。

北宋绘画艺术繁荣，留下很多无价名作，如苏轼的《枯木怪石图》、王希孟的《千里江山图》、李公麟的《龙眠山庄图》、李唐的《采薇图》等。与你同时的著名画家们要么供职于皇家画院，要么画作被皇家内府收藏，很少流传于民间。在一千年后的艺术品拍卖市场，宋代书画常常拍出过亿天价，多次刷新中国艺术品拍卖纪录。

这天太学请来的画家是朝奉郎李公麟。

李公麟好古博学、诗画俱绝，尤以画人物、释道、鞍马、山

明·仇英《人物故事图·竹院品古》

水、花鸟闻名，时称"宋画中第一人"。

李老师今天讲的是线描。只用线条和浓淡墨色描绘实物的线描，是中国画最具特色的技法之一。而李公麟的白描绘画被称为当世第一，后人评价他"自龙眠而后未有其匹，恐前世顾（恺之）、陆（探微）诸人亦所未及也"。顾恺之、陆探微也比不上他。

李老师讲解了线描的基本技法，然后画了一幅卧石观音。

观音你见过，也求过。在各种画像雕塑里，观音只有立坐二姿，低眉微笑。

讲堂内鸦雀无声。大家都是第一次看到这样画观音。

观音穿的衣服也很奇怪，飘带比身体足足长过一半。

李老师在画旁大书五个字：观自在菩萨。

他说："自在在心，不在相。"

他说："作画如以意牵绳，当闭眼观。"

这或许就是中国画的精髓：写意。

舍友问李公麟：看过李老师画的汉将军李广骑射图，为何箭还在弦上追兵就已倒地？

李老师这样解释：正确的画法当然是画一支箭射中敌骑，然后才能倒地，但是，如果你是在梦中画这幅画呢？

舍友有些蒙，你却有所悟。

梦是什么？梦是金手指，自有一种一指即中一念即成的力量。画是什么？画就是白日梦。

课后李老师给大家布置了作业——画"自在"。

同学们有的画"醉卧花荫",有的画"松下闲棋",有的画"野渡无人舟自横",有的画"散发林间万事轻",都是些很著名很标准的"自在"。而你,饱蘸墨水却久久端笔不动,任墨水一滴滴浸染袖腕。

众人侧目。你突然睁眼,笔落纸面,画出一个飘逸的"一"字,然后这个"一"一直画出纸边,画出桌面,画到邻桌上,又画出邻桌画到墙上,又沿墙而上直到窗沿,然后连笔一起飞出了窗外。

众人愕然看着,讲堂里几乎落针可闻。

李老师也瞪着眼看你,许久说出一句:"此为真自在也!"

然后就表示要收你为他的关门弟子。你犹豫了,科举将近,女神不远,还是读书要紧。

李老师问你:"功名要紧,还是自在要紧?"

你期期艾艾答:"功名要紧。"

李老师嗟叹而去。

这天,米芾来太学讲书法。舍友约你去听:"此乃世间奇人也!曾对着石头下拜:'石兄,我已想你二十年了!'"

因为举止怪异,米芾被人弹劾丢了官,却毫不在意,还作了幅《拜石图》。喜欢砚台,曾得一砚山抱眠三日,被人称为米癫。

等你和舍友赶到时,讲堂内外已挤得水泄不通。

你们到时,正有学生向米芾提问:"看米老师的字总觉痛快淋漓、雄健清新，怎样才能练成这样？"

米芾举起一指："只一字：刷。"

见众人不解，他解释：就像粉刷匠刷墙一样，用笔要全心全势全力，写出的字才能劲健。而且要勤学苦刷，他说："余写《海岱诗》，三四次写，间有一两字好，信书亦一难事。"简而言之，写了三四次却只有一两个字满意。

刷字都能成书法家，谁说刷题不能成学霸？

第十一节　足球赛

宋朝时把踢足球叫蹴鞠。

中国是足球运动的发源地，据《战国策·齐策》记载，那时就已出现此类运动："临淄之中七万户……甚富而实，其民无不吹竽、鼓瑟、击筑、弹琴、斗鸡、走犬、六博、蹴鞠者。"吹拉弹唱斗鸡牵狗……咱都会！

蹴鞠就是踢足球，在汉以后叫作蹴鞠。

到宋朝时足球已发展成为一项全民运动，上至皇亲贵胄，下至贩夫走卒，一聊起蹴鞠就都不瞌睡了："触处则蹴鞠疏狂。"

宋太祖、宋太宗、宋徽宗等人都是超级球迷，还组建了皇家足球队，在重大节日和有外交活动时献艺表演。

《东京梦华录》中这样描述皇家足球赛："左右军筑球，殿前旋立球门，约高三丈许，杂彩结络，留门一尺许。左军球头苏述，长脚幞头红棉袄……右军球头孟宣并十余人，皆青棉袄。乐部哨笛杖鼓断送……"

这一大段简而言之就是，苏述领着红队，孟宣领着青队，哨笛一响，开战！

在民间，蹴鞠更是全民喜爱的体育活动。只要有宽敞空地，

清·黄慎《蹴鞠图》

就会成为市民练习踢球的场地，"宝马嘶风车击毂，东市斗鸡西市鞠"，甚至还有女子蹴球比赛："舞余燕玉锦缠头，又著红靴踢绣球。"

每逢节日各地还要举办盛大的足球比赛，"少年骑马入咸阳，鹘似身轻蝶似狂。蹴鞠场边万人看，秋千旗下一春忙"。

宋人有自由结社的风气，各种行业各种爱好各种性情都能找到属于自己的社团，比如同文社（耍词）、锦标社（射箭）、清音社（清乐）、锦体社（花绣）、英略社（使棒）……

蹴鞠也不例外，宋朝时的打球社、蹴鞠社已经相当于现在的足球俱乐部，其中的齐云社可称宋时的足球豪门，又叫圆社，时人称"不入圆社会，到老不风流""齐云一社，三锦独争先"。

那时已有全国性的足球联赛——山岳正赛。蹴鞠高手也和现在的足球明星一样万人追捧，"世间圆社尽豪英，饱食丰衣独占能。更有一般高贵处，王孙公子做宾行"。

李邦彦、高俅，都是因为球技高超受到赏识而平步青云的，一个宰相一个太尉，从市井之徒变成了朝廷重臣。

"若论风流，无过圆社，拐蹑蹬蹴搭齐全。门庭富贵，曾到御帘前。"脚法好了，皇帝也会召见。

这也算是历史上一个独一无二的奇观。

宋人踢的足球已是能充气的空心皮球。

《皇朝事实类苑》记载："蹴鞠以皮实之，中实以物，蹴蹋为戏乐也，亦谓为球焉。今所作牛龇胞，纳气而张之，则喜跳跃。"以前的球是实心的，就是踢着玩儿。宋的足球是空心的，以猪或牛的膀胱为内胎，外面再包上牛皮充气，工艺原理和弹跳性能已接近现代皮球。

宋朝足球的重量也有标准——"正重十二两"，约为470克，与现代足球的标准重量450克几乎相差无几。

你所加入的太学足球队比现代的大学足球队规矩要多。

入队先学"十紧要"：要和气，要信实，要志诚，要行止，要温良，要朋友，要尊重，要谦让，要礼法，要精神。还要服从"十禁戒"：戒多言，戒赌博，戒是非，戒傲慢，戒诡诈，戒猖狂，戒词讼，戒轻薄，戒酒色，戒争斗。

学完队规，你还要学赛规。

宋时蹴鞠有两种玩法，一种叫"白打"，《事林广记·白打场户》中记载了白打的规则："齐云入门如打三间牒，丝围子各阔三尺……左右班各不许，使杂踢住亦输。不许入步拐，不许退步拐。"场地大小有规定，两班轮流上场表演球技，不能踢出界，动作要规范，不能有危险动作。

白打不是对抗赛，而是双方各自展示高超的球技，根据上场人数多少又有不同叫法，一人上场叫"井轮"或"一人场户"，二人称为"打二"，三人叫"转花枝"，四人叫"流星赶月"，五人叫"小出尖"，六人叫"大出尖"，七人叫"落花流水"，八人叫"八仙过海"，九人叫"踢花心"，十人则称"全场"。

白打比拼的是个人技术，"脚头数万踢，解数百千般"。

还有一种玩法叫"筑球"，由左右两队各出十二或十六人同场对垒，球场中间竖一个三丈高的球门，用彩带结网，网上留一个一尺大小的网眼"风流眼"，双方传球对攻，以进球数定输赢。

赢者领取奖品，输者白粉抹面接受鞭打。

每个男人身体里，都住着一个球王。拐、搭、控、撩，挑、射、停、拨，两只脚不用商量，天生会配合。每天晚饭后你和队友都在射圃练球，直到天黑才满头大汗地回去。久练后找到了一种新的训练方法：踢时练脚法，逃时练走位。

舍友无可奈何，打又打不过，追又追不上，只有好言求告："猛君，可让我三分？"

你拱手答："不可。"

终于有一天真恼了，他把球一扔：不跟你过了！我要换斋！

现在有大学生老换寝室，也常常是因为跟室友玩不到一块儿。

第十二节　睡在邻铺的兄弟

最好的舍友，是你的优点让他吃惊，你的缺点让他欣赏。

像这样古道热肠而又温柔体贴的文艺男，在宋朝的太学里比比皆是。春花秋月是你们共同的青春，诗词歌赋是你们共同的语言，唐诗汉赋里的情思和剑气，书卷掩不住，辉映成卧谈会时铺陈床前的月光。

你和舍友的第一次相遇，是在报到日的食堂门外。都是外地生来京，都是第一天到校，都是循着饭味到食堂边憧憬前程。

当时你正闭目耸鼻，忽听身旁一人说："豉汁鸡。"

你睁眼看：几步外一个胖子也正闭眼抬头，耸一下鼻子，脖子伸长一寸。

你顿时怒了："这是炉焙鸡好吗！"

新生分宿舍时又看见对方。

吃货的友谊别的人是不会懂的。比如苦学到半夜食堂关门百爪挠心时，对方放下书说："忽然想到小牛肉，如果切生以盐醋浇泼，想必鲜美。"声音轻轻的，神情淡淡的，说完继续读书，你也不发一语埋头看书，但心里平添了几分气力，像是吃到了。

你们的友谊，带着一种深沉的酱味。

对于规避校规，你们俩却是两极：一道篱笆，在他眼中是均等的木板，在你眼里是均等的空隙。

太学里规矩很多。太学属于国子监直管，宋时掌管教育的最高部门是礼部，官设尚书、侍郎，下设礼部、祠部、主客、膳部四司和郎中、员外郎，再下设国子监，管理国子学、太学、四门学、广文馆、律学等，主官称为祭酒，副官称司业，太学校长称为大司成，下有司业、丞、主簿、学正、学录、直学、博士等学官，管理太学政教后勤等日常事务。

宋朝太学的教学方式与现在大不相同，采用学生自主学习、老师指导启发的方法：先由老师提出问题，学生独立思考后再去回答。

"问诸生以颜子所好何学，颐因答曰：学以至圣人之道也。圣人可学而至欤？曰：然。学之道如何？……"能通过学习圣人而达到其境界吗？可以。

还有丰富多彩的教学方式来调动学生的积极性："每公私试罢，掌仪率诸生会于肯善堂，合雅乐歌《诗》，至夜乃散。诸斋亦自歌《诗》奏乐，瑟瑟之声彻于外。"考完试就办晚会，张弛有道。

除了听大课和各种活动外，平时大部分时间学生们都在自己的斋舍里自学。

北宋教育家胡瑗在太学执教时，将学生按好谈文艺者、好谈

明·佚名《孔子圣迹图》

兵书者等兴趣相同者安排在一起，博士巡斋、直学管门，建立了世界上最早的学生宿舍管理制度。

太学生每个月有四天假期可以不住校，其余时间必须在校，否则会受罚。学生在斋舍会客也必须在假日进行。每天起床、就餐、就寝均以鼓为号，集合在肯善堂，听课在讲堂，各有规定。每个月都要亲笔签到，请假者逾期不到会被开除学籍："凡入学受业，月旦即亲书到历。如遇私故或疾告、归宁，皆给假，违程及期月不来参者，去其籍。"月初签到，有事请假，误期一月不来要开除的哦。

对于违反校规校纪的学生也有规章惩罚。《癸辛杂识》记载："学规五等，轻者关暇，几月不许出入，此前廊所判也……"犯规者轻的关在孔圣人像前，重的赶出宿舍。别的宿舍也不要怎么办？去求人家！需要全体舍友担保才能回舍。

这五等学规，最轻的是关禁闭，最重的是开除，对一个学生来说就相当于死罪了。

你和舍友都是李清照的粉丝。但可恨的是，他同时还粉李清照的未婚夫赵明诚。这对你来说无异于一种背叛，他却振振有词地说："德甫兄憨直磊落，真君子也！"

德甫是赵明诚的字。

你的好友喜欢你的情敌，还要当面告诉你，你不但无话可说，而且你心里的郁闷还无处诉说，只能又反馈给他，并且你表达不清的地方，还只有他懂，且能帮你精准地描述——你心里的不舒服，是不是就像烧肉放料酒时错倒了醋，又腻又酸？

对呀！你拍桌子表示同意。然后与他细细探讨他带给你的这份伤害，探讨到兴起时他还要赋诗，然后让你夸他的诗。

谁没有过这样的舍友呢？你的心思他全懂，你的感受他不在乎。现在他想换宿舍？呵呵。

太学有规定：斋舍一经安排，学生不得随意调换，违者处罚。

你微笑着看他扛铺盖走了，殷勤挥手：常联系哟……

你心里有数，只有你懂他的馋，只有你夸他的诗，只有你……

果不其然，没一会儿他就夹着铺盖回来了，脸上带着一丝迫不及待："壮兄！我刚在前廊忽得好句《割席赋》，要不要听？"

没等你回答，他就朗声吟诵："三月同槽，一日面冷。已到三丈外，听君碗筷声……"

你跳起身质问他：脸呢？你不是要走吗？

他得意扬扬继续吟诗。

好舍友就是这样的：想到你时，就必须马上是你，至于脸面什么的，不存在。

第十三节　高考来了

心有猛虎，细嗅墙壁。

十年寒窗，冷墙已温。和现在的高考一样，科举也是人生的破茧时刻，多少期待多少忐忑多少苦多少求，无法言说，只能像一只没有感情的老虎，嗅嗅这久困自己的墙。

科举也叫"开科取士"，指朝廷定期举行统一考试来选拔官吏。科举创始于隋发展于唐完备于宋，一直延续到清末。宋代科举主要有贡举、制举、武举和童子举，其中贡举影响最大、取士最多，实行时间也最长。

你要参加的就是贡举。

宋朝统治者非常重视科举，宋真宗赵恒亲作《劝学诗》鼓励天下人读书：

富家不用买良田，书中自有千钟粟。

安居不用架高堂，书中自有黄金屋。

出门莫恨无人随，书中车马多如簇。

娶妻莫恨无良媒，书中自有颜如玉。

男儿欲遂平生志，五经勤向窗前读。

宋太祖赵匡胤陈桥兵变夺权登基后，为防止有人仿效自己，所以制定重文抑武的国策，以文官压制武将以确保自己的统治。

宋之前五代七十多年的分裂战乱，武人左右时局，文人地位低下，造成很多人不爱读书。所以北宋时鼓励读书，优待士子，在传播知识、繁荣文化的同时，也通过这些认可儒家忠孝思想、自觉维护封建统治秩序的读书人，保证了社会稳定，加强了中央集权。据统计，各朝科举以宋朝录取人数最多，各科进士总数达11万多人，为唐代十倍。

这并不是说宋朝的科考难度低。

史书记载，在仁宗、英宗朝全国参加解试的儒生已达42万人，到南宋时准备应举的士人已近百万，这么多人争取三五百个进士名额，激烈程度可想而知。

而你是太学生，哪怕在太学考了个下等（被评定为两个平或者一优一否），也能免于解试（相当于科举初试），直接参加明春的省试（复试），算是能走VIP通道了。

舍友心里没底不想参加科考，想通过校内的升舍考试来求取功名。老师也熟，题型也熟，稳。

你劝他：第一，那样最少要等三年，人生有几个三年？第二，每月都要被斋长、学谕记录"行艺"（学生言行、遵守纪律和学习经术的考评），一次有失，前功尽弃。如此小心翼翼三年，人生又有几个三年？

舍友也豁出去了：人生苦短，生死谁管？考！

他的诗感没有他的味觉准确，总是情绪对了，用词偏了。

你们参加的是进士科省试。

《宋史·选举志》记载，元祐八年（1093年）九月，高太皇太后病故，哲宗亲政，次年改元绍圣，复熙丰新法。"凡元祐所革，一切复之。"

科举也要考四场：

第一场，试大经义三道，《论语》义一道。

第二场，试中经义三道，《孟子》义一道。

第三场，试论一道。

第四场，试子史时务策二道。

舍友摊开《论语》《孟子》等书，恭恭敬敬焚香拜道："小生愚钝，也想功名，还望诸公关照！"拜完，看着这一大堆经史子集发愁。考试时会从这些书中随机抽取一句为题，这谁记得住！

他叹一声："若能佐以葱椒尽入吾腹……"咂咂嘴，竟饿了。

你跟他不一样。

人不恋爱，如混沌未开。你已失去了他那样的单纯快乐，你心底有一个洞，总觉着漏风。

你走的是一条几乎不可能的路。你要的是一场已经不可能的爱情。

宋朝的眼泪，是带着棱的，刮脸微疼，砸地有坑。

带着一种决绝的刻苦和一颗无畏的狂心，你走进了贡院（省试考场）。

这一次科举考试，取士标准已由重诗赋变为重经义。

宋人认为："国家以科目网罗天下之英隽，义以观其通经，赋以观其博古，论以观其识，策以观其才。"义考察理解力，赋考察知识面，论考察见识，策考察应变能力。

　　所以科举考试更重经义与策论："国家设官分职，以待贤能，大者道德器识以弼谐教化，其次明察惠和以拊循州县，其次方略勇果以捍御外侮，小者刑狱钱谷以供给役使，岂可专取文艺之人，欲以备百官、济万事邪？"

　　大意是，大贤以德行改变社会风尚，其次为能吏可执掌州

明·余士、明·吴钺《徐显卿宦迹图·棘院秉衡》

县，再次为良将可抵御外敌，再不行也能当个刑狱税官什么的，净招些文艺工作者，能干什么呢？

评判文章的标准已变为推崇"独立之精神、自由之精神"，允许自由阐述，像你这样功底浅却胆子肥的考生就占了便宜。

这次试论的题目是——刑赏忠厚之至论。

典出《尚书》："刑疑付轻，赏疑从众，忠厚之至。"

按现在的说法就是"论疑罪从轻"。

你的观点是：重要的不是从轻或者从无，重要的是"疑"。彰显皇恩只能教化那些本来就不会犯罪的人，刑罚的目的是预防犯罪，而疑罪从轻只会鼓励某些人去钻空子。所以疑罪一定要从重，但不是判罚从重，而是加大加重查案力度，此案为何会成为疑案？从源头上反省，从制度上规范，查清一宗疑案，杜绝一类漏洞。如果不关注"疑"只关注"轻"，那就是本末倒置。

疑罪从轻是个很现实的问题，你的观点只是一种取巧，借以规避问题重点。但你的观点很新鲜，带着一种有决心有魄力的自信姿态。你写得陶醉了，洋洋洒洒数千言，试卷上差点写不下。

为防止徇私舞弊，宋朝的科举试卷实行弥封誊录。

交卷有专门的受卷所，交卷时由受卷官亲收，按交卷顺序发签，考生凭此签条才能走出锁院封闭的考场。

然后试卷被交到誊录所，将卷子重抄一份送交弥封官，把试卷上的姓名糊盖，交到收掌所。还要对读所核对誊录卷与原卷是否有讹误，无误后将原卷注名存档，誊录卷送到阅卷所，开始试卷的批阅和筛选。

这套弥封誊录制度是宋朝科举的独创，起到了一定的保证考试公平的作用，其中一些方法一直沿用至今。

终于考完了。

你走出礼部贡院，在门口等到舍友出来，在狭小的号房（单人考棚）里关了四天，他的脸都小了一圈。你刚想问考得如何，他一挥手：先吃饭！

第十四节　榜下捉婿

你去看榜时的心情，跟现在的高考生查分时的心情一样：期盼到心口紧绷，又隐含着怕，就像要大难临头。

谁能看见命运的真容？多少暗藏的倒刺，多少锦绣的石头！

元符三年（1100年），因为宋哲宗赵煦正月驾崩，取消了当年的殿试试策，由朝廷选任殿试官，在省试成绩评为中等以上的试卷中筛选优胜者。

那时的科举发榜有多种方式。

第一种是在放榜日贴出榜文，上有录取名单。

第二种是在朝报上刊登榜文，发往全国各州县。宋朝时民间还有私人办的"小报"，这类报纸消息灵通，有专门打探皇上和后宫嫔妃感情八卦的"内探"，有在朝中各部打听官员任免升迁的"省探"，还有在监狱大牢打探案情进展的"衙探"。这些"狗仔队"手眼通天，往往能抢先刊发科举榜单。

第三种是给中举者送"录取通知书"，通知书称为"金花帖子"："书其姓名，花押其下，护以大帖，又书姓名于帖面。"大帖套小帖，都是你的名字，神不神奇？

其中最重要的当数"放榜"。

唐代时进士榜的榜头竖贴四张黄纸，从此进士榜又被称为"金榜"，中举则为"金榜题名"。

宋朝时榜文张贴在礼部贡院的东墙上，史书记载："南院放榜，张榜墙乃南院东墙也。别筑起一堵，高丈余，外有墙垣，未辨色，即自北院将榜就南院张挂之。"榜贴在南院东墙上，墙高一丈多，外有矮墙围护。

放榜时可谓万众瞩目。

你，会是那个幸运儿吗？

远远就见黑压压的人，把南院挤得无处下脚。

榜出了。

你一时间竟像没了力气，迈不动腿了。舍友拉着你硬挤进去，仰头看榜。

你匆匆扫了一遍，没找到自己的名字。是不是他们不会写你的名字？

舍友先叹息了："榜前潜制泪，众里自嫌身。气味如中酒，情怀似别人。"看来也没有他。

他摇头吟完诗，突然瞪着榜单大叫一声："壮兄！你中了！"

你忙随着他的手指看，果然找到了自己的名字！

一瞬间，你的心从刚才的如坠深渊，软绵绵地飞升起来。命运这样的大起大落，真是让人觉得……理所当然。

所有人的目光集中到了你身上。

《宋登科记考》记载，宋哲宗元符三年（1100年）庚辰科，状元李釜，榜眼范致明，探花林遹，五甲共取进士561名。

宋制进士分为五甲，第一甲赐进士及第并文林郎，第二甲赐进士及第并从事郎，第三、第四甲进士出身，第五甲同进士出身。

你的名次是二甲第146名。

清·梁亯《观榜图》（局部）

你见过无数勤学苦读的太学生，见过无数来太学蹭课的外地学子，见过无数彻夜不熄的烛光，见过无数十年寒窗甚至半生寒窗的考生，见过无数学到蓬头垢面、神思恍惚的考生，头悬梁锥刺股算什么呢？多少人几乎是在以命相搏！你知足了。

这一刻，你不感谢祖宗，也不感谢神明，你只感谢自己。你知道答题时的灵光一闪、作文时的滔滔文思，都来自内心深处的自信：我行，我当然行！

信心就是运气，运气就是命运。

你还要感谢舍友。

是他陪你度过无数孤灯黄卷的枯寂时光，和无数胡思乱想的青春时光。从这一刻起，要各自天涯了。

你看着舍友，他也含笑看你："壮兄前程似锦，弟这厢恭喜了！"

他眼中一点点泛起泪光。

你不知道该说什么，重重地拍了拍他的肩，有千言万语，最

后只说出一句："去孙羊正店！随便点！"

他立刻像被冒犯一样板起了脸，但片刻之后面色又柔和了，的确！有什么烦愁是一碗羊汤解决不了的呢？如果一碗不够，那就两碗！

你们这一榜的头名是李釜，据说他出身于书香门第，自小勤敏好学、负有才名。人们四处找状元却未见踪影。

古时放榜时间为五更时分（凌晨三到五点），诗中写道："五更残月省墙边，绛帩蚭旌卓晓烟。"宋代举子登科后还要参加殿试（只排位不淘汰），由皇帝钦点状元，以"临轩唱名"的方式公布前三甲。《宋会要辑稿》记载："太宗御崇政殿试进士……唱名赐第，盖自是为始。"其余的名次则由官员传唤，称为"传胪"。金殿唱名后状元要带领众进士拜谢皇恩，然后插花披红，骑上御赐的高头大马，夸官游街接受朝贺。因为奉有圣旨，无论官民都必须跪迎高呼万岁，可谓无上风光。

今年因为取消了殿试，礼部榜单头名自然就是状元了。想必李釜看过榜后已悄然溜走，要不然这会儿根本就脱不了身。一人高呼："走！咱们去贺状元！"众人响应，浩浩荡荡去了。

这一刻，李釜无处可藏。无论是同年旧友还是官宦富商，都会蜂拥而至祝贺结交。"千炬火中莺出谷，一声钟后鹤冲天"，这是鲤鱼化龙的一刻，这是一飞冲天的一刻，这一刻温热如寒窗苦度时的眼泪，又明亮如一朝闻名后的天下。

你和舍友正待要走，却被拦住去路，一个锦衣老者冲你一拱手："某惟一女，亦不至丑陋，愿配君子，可乎？"你大吃一惊，再看左右，已被对方带来的健仆团团围住。

这难道就是传闻中的榜下捉婿？

宋朝时有榜下捉婿的风俗，在放榜日各地富绅全家出动，挑选登第士子做女婿，坊间称为"捉婿"。

北宋朱彧《萍洲可谈》记载："近岁富商庸俗与厚藏者嫁女，亦于榜下捉婿，厚捉钱以饵士人，使之俯就，一婿至千余缗。"有钱人家榜下捉婿，一个女婿上千贯。

宋代之前士庶不通婚，社会等级的壁垒森严，到宋朝时庶民可以通过科举变身为士绅，从此"婚姻不问阀阅"，而且宋朝文人地位极高，只要是考中进士五等以上者就可直接授官，导致民间择婿的第一条就是"看学历"。

这些即将进入朝堂的新科进士，对于有权势的大家族而言大有增益，对商贾之家则代表着保障和地位。

据说有个叫韩南老的人考中进士，有人向他提亲，对方是位年方二八的富家千金，一心要嫁一位进士。他也不直说，作诗送给来人："读尽文书一百担，老来方得一青衫。媒人却问余年纪，四十年前三十三。"算是婉拒了。

"却忆金明池上路，红裙争看绿衣郎。"王安石这两句诗描述了发榜当天，达官富室争相选择新科进士做女婿的盛况，所谓一日之间"中东床者十八九"。

王拱辰、欧阳修在天圣年间登科，被参知政事薛奎收为女婿，分别娶了他的三女儿和四女儿。在三女儿去世后，薛奎又把自己的五女儿嫁给王拱辰，王拱辰也从欧阳修的姐夫变成了妹夫。所以欧阳修写对联调侃道："旧女婿为新女婿，大姨夫作小姨夫。"

巧合的是北宋名相富弼也跟薛奎一样。他的女婿是三元及第的状元冯京，富弼在大儿女过世之后又将自己的二女儿许配给了冯京。

你朝对方施礼："小生身家微寒，得托高门固幸，但此为终身大事，且待小生回家与父翁商议。"说完抽身就走。对方见你去意坚决，只好递上手刺（名片）后让开道路。

回来后舍友看着那张精巧的木制手刺，突然惊呼："你这位岳丈可是京师巨贾，马行街近半铺席都是他家的买卖！"

你正色道："休要胡说！"又说，"我读书非为钱财。"

舍友问："那为了什么？"

你一拍脑袋，把一件大事忘记了！

你央求舍友再跑一趟，看看赵明诚是否上榜。不多时舍友回来说：赵明诚中了二甲第104名。

第三章

身如不系之舟

第一节　琼林宴

　　站在集英殿外等着皇帝释褐，新科进士们个个忐忑而又激动。

　　你站在这整齐排列的队伍里，却似感觉独自站在这宽敞的宫廷广场上，四周是飞檐高架、朱栏彩槛的宫殿群，面前是汹涌而来、溅地无声的阳光。

　　这一刻肃穆而又庄重，这一刻明亮而又轻盈。

　　你刚一走神，身后的进士就悄声提醒："且请移步！"你点头致歉，继续跟着队伍往前走。

　　宋朝时新及第进士的一大恩荣是未命官先释褐："布衣而入，绿袍而出。"

　　释褐又叫得隽，皇帝赐予紫绿官袍一领、淡黄绢衫一领、淡黄带子一条、笏一面，进士们当场换上官服上殿谢恩。紫袍牙笏璀璨可观，从此进入仕途。

上殿谢恩时，你悄悄往上看了一眼：龙椅上端坐着一个微胖的年轻人，这就是刚即位的宋徽宗赵佶。他是宋朝的第八位皇帝，宋神宗的第十一个儿子，宋哲宗的弟弟。

哲宗于元符三年（1100年）病逝时无子，太后向氏立赵佶为帝，第二年改年号为"建中靖国"。

这是一位干什么都精通，就是不会当皇帝的皇帝。"宋徽宗诸事皆能，独不能为君耳！"

徽宗自幼就爱好丹青笔墨，在书法绘画上有很深的造诣。他独树一帜的"瘦金体"瘦挺爽利铁画银钩，开创了一大流派的书体。他的画构思巧妙形神并举，"寓物赋形，随意以得，笔驱造化，发于毫端，万物各得全其生理"。用笔随意自然，画得活灵活现。可算是历史上唯一一位艺术涵养高深的画家皇帝。

有一次他用"深山藏古寺"为题考画院学生，学生们多画崇山峻岭古寺密林，只有一个学生画了幽林中的一条石板路，尽头是一个和尚在溪边打水。徽宗拊掌大赞，"画有尽而意无穷""善藏者未始不露，善露者未始不藏"。

因为自小养尊处优，徽宗养成了轻佻浮浪的性格，他穷奢极欲，重用蔡京等奸臣，"疏斥正士，狎近奸谀……溺信虚无，崇饰游观，困竭民力"。近小人贪享乐，不顾天下民生，以致民不聊生，纷纷揭竿而起，揭开了北宋覆灭的序幕。

但这一刻，他是九五至尊的皇帝，是天，是神，你的荣辱和生死，只在他一念之间。所以你只敢偷偷看一眼，就深深地低下头去。

　　释褐后就是琼林宴。

宋・赵佶等《文会图》

琼林宴起源于唐朝，那时叫作闻喜宴，新科进士们在发榜后会举办一场盛大的饭局以示庆贺，因此称为"闻喜"，唐时"闻喜宴"多在曲江上举办，所以又叫作"曲江宴"。

宋朝的闻喜宴从太平兴国八年（983年）开始，一直在北宋皇城的琼林苑举办，所以又被称为"琼林宴"。古代常会给科举高中者举办宴会，有名的有科举四宴——武科的鹰扬宴、会武宴，文科的鹿鸣宴、琼林宴。

"鹿鸣"原是《诗经》里的一首古歌，讲鹿发现了美食召唤大家一起品尝，古人之所以将宴会取名"鹿鸣宴"，据说是因为宴会上要唱这首歌。而且鹿与禄同音，暗喻升官发财。

琼林宴由皇帝赐钱举办："又赐准钱二十万以张宴会。"由专门负责皇帝祭祀、巡幸、朝会、宴

宋·马远（传）《宋高宗御制西宫赐宴图》

享事务的仪鸾司筹备，宴会上全程演奏雅乐，座次、起筷、行酒等各有章程，还有赏赐、簪花的惯例："人赐宫花四朵，簪于幞头上，从人下吏皆得赐花。"赐花四朵簪在帽边，人人有份。

舍友曾和你一起憧憬：如果能参加琼林宴，他要戴最红最大的那朵！

行酒实行"九盏制"，九轮饮罢酒意醺醺，各位新科进士纷纷放下矜持各叙乡籍，有人就说起今科因帝崩可能授官级别低，纷纷叹息。

你笑曰："诸君差矣！"

众人一起看你。你举起杯说，喝酒只需担忧一件事：为什么还不醉？其他事尽放一旁。

众人见你豪放，也大笑，举杯相敬。又一哄而起去敬状元等人。你没有去，自坐斟酒。

邻桌也有一人没去，坐过来问你："众人皆附以求荫庇，君何不去？"

你也问他："君何不去？"

你们俩相视而笑。

他叫陈禾，和你是同科进士。

从宫里出来，你到家时，家里也正大摆筵席答谢来祝贺的亲朋好友。

喝到第三天，酒入唇时已多了一丝微苦。你开始静下心想自己的将来：上面会给自己安排个什么样的官呢？

第二节 分配工作

等待官职分配就像刮彩票：有人开出特等奖，有人开出二等奖，而你开出了一个坑。

你被派往三泉县。

北宋时的科举状元一般授官监丞，为正八品京官，榜眼、探花授大理评事并诸州通判，第四、五名授秘书省校书郎等两使职官，第六人至最后一名依名次各授初等职官判司簿尉等，处于权力中心的京官升迁最快，不少人十几年就能升至宰相、参知政事、枢密使、三司使等高位。

而你的官职是三泉县县尉，从九品。以后只能由从九品到正九品，一级级慢慢往上爬。

三泉县位于今陕西宁强县的嘉陵江谷地，地当秦蜀要冲，历来是通巴蜀去中原的兵家必争之地，地形复杂、地势雄伟，素以"天下名关"著称。

宋太祖赵匡胤于乾德三年（965年）派兵伐蜀，因为路途遥远消息不灵通，在开封的北宋朝廷无法知晓前方战况，前方也不能及时得到朝廷的指示，往往贻误战机，赵匡胤为此非常焦虑，当时的三泉县令打破常规，越级向朝廷上报前线战况。

太祖大悦，平蜀之后即颁诏令，三泉县不隶府州直属京师，县里公文直报朝廷，朝廷有关公文也直接送县。北宋全国一千多个县，只有三泉县直隶京师一百六十多年，开中国历史中央直辖县之先河。

《宋朝事实·升降州县》载："乾德五年，以三泉县直隶京师。"三泉县古县城位于今宁强县西的阳平关镇擂鼓台村，因当地有三眼石泉品列鼎峙，如车轮盘盂，因此得名。

你去三泉负责治安管理，不但要缉捕盗贼、侦查案件，还要主管县内军务、征派兵役劳役，还要护路、保护商旅……

爹爹担忧地看着你："远去他乡，何保安稳？"

你哈哈大笑："爹爹当我是黄口小儿？"

笑很简单，张嘴鼓气即可，可心里苦时，就越笑越显凄凉。

你并不怕官阶低。你认为从地方官干起，才能真正了解这个社会，才能胜任更高的职位。盗贼算什么呢？你的愿望一直是披甲提刀冲锋陷阵："黄沙百战穿金甲，不破楼兰终不还。"身为男儿，你满腔的热血和豪气无处安放，你想象过自己战死沙场马革裹尸，不求留名青史。"醉卧沙场君莫笑，古来征战几人回？"

你只怕远。

这一去千里，雁飞到时，雁也老了。而且也不会有信，因为你暗恋的她根本就不认识你。你只有对月想念，满心悲凉。

出发时，你反复叮咛，让舍友有李清照的任何新词和消息，马上写信告诉你。

舍友痛快应了：听说她快结婚了，壮兄放心，婚期一定马上投书告君！

你强颜欢笑。舍友也让你常写信给他："此去山高水远，多多保重！"他伤心了，又愤愤不平起来，"人家都是京官，就把你派那么远！"

告别父母挥别好友，你带着一名小书童上路。前望山重水复，回首家乡渐远，你想叹息，但这异乡的空气一点点熨平了你皱缩的心壁。这还是你头一回出远门，"月下飞天镜，云生结海楼"。低落的心情渐渐雀跃了，看什么都新鲜。

大好河山可骑驴。

宋朝时人们出行的交通工具一般有轿子、牛车马车、太平车、独辕车、檐子等等。北宋时因为马匹稀缺，人们多骑驴骡。宋太宗曾规定："非品官不得乘暖轿。"暖轿指轿顶有布盖、四周有围饰的封闭型轿子，也叫暗轿。后因民间乘轿越来越多而取消了禁制。

短途出行多乘檐子或独辕车，长途出行则乘轿或牛车。因为稳健，人们多乘坐用牛拉的太平车，车轮前两根长木做辕，辕上横一木担在牛脖子上，前面再用三四头牛骡牵引，车大轮高，可负载几千斤。但速度慢，据说一天只能走三四十里。

宋朝时女子出行坐的车，门开在车后，垂遮帷帘，另三面开有棂窗格，帷幔绣花，四边垂穗，"妇女上犊车，皆用二小鬟持香球在旁，而袖中又自持两小香球，车驰过，香烟如云，数里不停，尘土皆香"。女士坐车，两个小丫鬟手持香炉在侧，袖子里也有小香炉，一路留香。

女子乘的轿子都是轿夫用手抬杠、与腰齐高，又叫"腰輿"。古时因其"状如桥，中空离地"而称为桥，到宋代才开始称为轿。

书童是亲戚家的小侄，十来岁的小男孩，刚过爬高上低的年纪。说是来照顾你的起居，其实一路还得你操心他。

你们白天赶路晚上歇在驿站。宋朝时官道上一般三十至六十里设置一间驿站，每二十里还有一座歇马亭："夫郡国朝宿之舍，在京者谓之邸；邮骑传递之馆，在四方谓之驿。"

京城的称为邸，京外的称为驿。十里有吃的，三十里有住的，五十里有集市，有旅馆还有粮库。

中国是世界上最早设立邮驿站的国家，三千年前的商代甲骨文中就有与传递信息有关的文字，到秦汉时已形成完整的驿传制度。

宋之前的驿站兼具接待公差和传递公文两项功能，从宋朝起开始邮驿分离，接

宋·李公麟（传）《白描人物图册》

待公务人员的称为驿馆，而负责传递公文的则称递铺，又按转运速度分为步递、马递、急脚递，最快的急脚递可日行四五百里。岳飞被宋高宗从前线用十二道金牌召回临安，用的就是急递铺的朱漆金字牌，意喻十万火急。

你有一个发现，月亮是外乡的圆。"鸡声茅店月，人迹板桥霜。"你在驴背上吟诵，却无人回应，只有月光如寂。

你有些想家了。

整整走了两个月，你们到了三泉县。"江云垂地滩风急，一似前年上硖时。"这高峡深谷让在平原长大的你顿觉目光一紧，似有劲风穿胸而过。

第三节　初入职场

宋代黄震的《黄氏日抄》记载："尉，古司寇官，至秦汉，改今名，义取除奸，尉安良民也。"

宋朝边县有很多不安定因素——失去土地的流民饥民、破产的小商人手工业者、逃亡的军人、地痞流氓，县尉除了缉贼捕盗，维持治安，要保护过境官员、贡使和公家财物的安全，要保护交通设施、水利设施，日常还要训练管理手下五十名弓手，还要征派兵役民夫……如此繁重险重之职，却"常以文臣初入仕者为之"，这样设置，是为了给这些刚从琼林宴归来的举子醒酒吗？

县尉俸禄不高，只有料钱十二贯、禄粟三石、职田三顷（将租田收取的米麦作为俸禄）。

宋朝时京官还有各种津贴——添支钱、食钱、菜汤钱、折食钱、酒茶盐、薪炭等。还有恩赐——郊赐、生日恩赐、节序支赐等。

你，一概没有。

《梦溪笔谈》记载了一名穷困县尉的故事："初任县尉，有举人投书索米，戏为一诗答之曰：'五贯九百五十钱，省钱请作足钱用。妻儿尚未厌糟糠，僮仆岂免遭饥冻？赎典赎解不曾休，吃酒吃肉何曾梦？为报江南痴秀才，更来诣索觅甚瓮。'"简而言之，刚当县尉时有举人上书要米，答：我那点工资根本不够用，忍饥挨冻反复典当，找我要？我比你还穷！

县尉工资低，但好在不折支，全给现钱（宋时官员俸禄的一部分以物发放，等于工资缩水）。

宋仁宗庆历四年（1044年）颁布《巡检县尉俸给见钱诏》，称朝廷设置这些岗位维持地方治安，我感念他们工作辛苦工资又低，所以从现在起给全工资。

摸着黄灿灿的制钱，多少也算是一种安慰。

刚在县衙后院住处放好行李，你就被同僚请去喝酒。第一天县令、县丞和主簿请，第二天老县尉和本地乡绅、里正请，第三天节级、都头、三班六房也凑了钱请，你又一一回请，醉了半月。

老县尉年已七十，和你交接时细细嘱咐："这地方不太平，晚上要严加缉捕。"这一句话，就让你这些天来的醉意立刻散尽。

宋朝时为维护地方治安实行保甲法。

熙宁三年（1070年），王安石变法制定《畿县保甲条例颁行》，规定：乡村住户每十家为一保，五保为一大保，十大保为一都保。以住户中最富有者担任保长、大保长、都保长。

还有巡逻制度——县尉定期在辖区巡逻，"诸乡村巡检、县尉每月遍诣巡捕，于要会处置粉壁，州给印历，付保正、副掌之，巡、尉所至，就粉壁及取历亲书到彼月日、职位、姓名。"

每月在各处路口的粉壁上签到，这可能是世界上最早的打卡机制了。

老县尉又给你讲破案："狱，重事也，狱而有疑，则尤事之重。"身为县尉一定要亲力亲为，尤其是发生刑事案件时，一定要谨慎判案。

你听得头都大了："那如果我破不了案呢？"

老县尉说："应劫贼、杀人贼并给三限，限二十日。"即限期破案，每限二十天，超期则罚俸至停职。

他教你怎么破案，一要推察隐情，二要找到证据。证据和推理要灵活运用，相互印证。

你心下茫然，读过的圣贤书都是讲德的，让人严己宽人，现在突然间，你要当神探了！

你的手下有三班衙役和弓手。

古代县衙的三班指皂班、快班、壮班。

皂班负责跟随县令护卫开道，维持纪律，押送罪犯，执行刑讯及答杖刑。

快班也叫捕快，负责侦缉罪犯，搜寻证据，两个班头称为都头。

壮班也叫民壮，负责把守城门、衙门、仓库、监狱等要害部位。

弓手初多差富户充当，后由差役改为雇役。《宋会要辑稿》记载，按户数多少配置人员，各县数额不同。三泉县因为位置紧要、情况复杂，设弓手五十人，两个班头称为节级。

你把两个都头叫来问话。这两位哈哈笑拍胸脯："此地民心纯善，几乎路不拾遗，夜不闭户，老爷尽放宽心。"

你微笑着听，不发一语。

这二位对视一眼，接着说："此地荒僻。前街翠楼有一芸娘，琴棋书画俱佳，老爷孤身在此，如果思乡寂寞……"

你笑了，这两位也笑起来。

你和书童游山玩水，又是半月。开始时还总觉后背上印着那两位都头的目光，慢慢地他们就对你不在意了：书呆子而已。

你弄清了村廓道路，拜访了里正、里胥，对这里的情况大致了解了。那些游民铺户当你是过路客人，毫无顾忌地痛骂都头、节级，以抓贼为名勒索钱财。

你心里有数了。

出了几起殴斗事件，你在讯问时并不多言，先由双方事主争抢着说，说得多了破绽自出。这时你再开口，判得他们无话可说。

又出了一起盗案。

县城最大的绸缎庄刚到货的百匹蜀锦、熟丝绫、云纹罗夜里被盗。你带人赶到现场，看了门户，问了更夫，铺主哭丧着脸絮叨，你摆手打断他，指着布垛下露出的一截布头让他看。他脸色更苦，这一库里就属这一匹克丝贵重，想是贼人从布垛下抽拉时乱了卷，拽不出来截断时留下了布头。你细细查看了布料，把店里几个学徒都叫到面前。都头提

宋·李公麟（传）《白描人物图册》

醒你派人到码头查船，此必为内贼，而且必急于转赃，运这么多
布最快就是走水路。

你点点头："是内贼，而且就在这里。"

你指着其中一个学徒，让他举起左手，在他的大拇指指甲缝
里找到一缕细丝。

那人咕咚跪倒。

事后书童问你："你怎么知道是他？"

你说："行冠礼时家里请了裁缝来做衣服，整整三套，那是
我人生中第一次定做礼服，非常关注，就发现裁缝有一个习惯，
粗裁时习惯左手指甲划印，右手剪刀跟进。贼人虽然是粗粗裁
断，但习惯不会改变。在那几乎摸不出来的印痕上，有一处指甲
刮起的线头。"

书童仍不明白："那你怎知就是他呢？"

你淡淡一笑："我说贼就在此处时，他脸色微微一变，其实
他手上的丝线，是我检查时抹到他指甲缝里的。"

经此一战，都头、节级再见你时的神情言语，都小心了许
多。你想寻个由头换掉他们，却苦于无有力者可用，只能在弓手
衙兵中暗暗留意。

这一日驿兵来报："黄庭坚到了。"

你忙赶去驿站接，抢步向前跪倒："恩府！"

师生相见感慨万千。

自绍圣初年起，黄庭坚因修《神宗实录》被蔡卞诬陷修史不
实，被贬为涪州别驾，黔州安置，后又移至戎州。徽宗即位后起

任他为员外郎，他不愿再去京城涉入党争，就请求只为郡官，于是被改任为太平州知州，赴任时经过三泉县。

他告诉你："仕途艰险，壮郎切切留心。"正叙别情，远远就见驿道上一辆牛车拉着一口薄棺，缓缓而来。

他看清跟着牛车的两人后，突然脸色大变，疾步迎上前。

那两个衣衫褴褛的人是秦观的儿子和女婿，正扶送秦观的灵柩北上。黄庭坚用颤抖的手抚摸棺盖，痛哭失声。

你在京城时，曾抄过不少秦少游的诗词以遣愁思："两情若是久长时，又岂在朝朝暮暮""有情芍药含春泪，无力蔷薇卧晓枝"……后人诗云："风流不见秦淮海，寂寞人间五百年。"

这一刻，这位名动天下的风流才子，就躺在牛车上的薄棺内，由穷困潦倒的儿子、女婿陪护，缓缓北行。

这一刻，这种人生如絮的悲凉哽在胸口，让你也潸然泪下。

扶送秦观的棺木离开县境，黄庭坚和你虽倾力资助秦观家人，却仍深觉无力。

你们俩分手时，对望无言。多少想说的话，像浓云垂悬头顶，又被疾风扯碎。

山抹微云，天连衰草，画角声断谯门。暂停征棹，聊共引离尊。多少蓬莱旧事，空回首、烟霭纷纷。斜阳外，寒鸦万点，流水绕孤村。

消魂当此际，香囊暗解，罗带轻分。谩赢得，青楼薄幸名存。此去何时见也？襟袖上、空惹啼痕。伤情处，高城望断，灯火已黄昏。

这一刻，你才真正品出了秦观这首《满庭芳·山抹微云》的意蕴。

这一刻，你才真正懂了别离。

第四节　苏轼走了

有一种人，像月亮，用温柔的光芒照亮我们荒芜的内心。

有一种人，像时光的盐，把无味的历史调得有滋有味。

"欲把西湖比西子，淡妆浓抹总相宜""大江东去，浪淘尽，千古风流人物"……这些诗词里的浪漫和豪放就像光本身、美本身，慰藉了无数孤寂的心灵！

包括你，困顿时你念"不识庐山真面目，只缘身在此山中"；得意时你念"会挽雕弓如满月，西北望，射天狼"；伤春时你念"枝上柳绵吹又少。天涯何处无芳草"；思念时你念"料得年年肠断处，明月夜，短松冈"……

这些诗词像一个翻译，让你读懂了自己的心情；这些诗词像一双温暖的手，掬起你孤单的心情。

现在，写这些诗词的这个人也走了。

公元1101年8月24日，苏轼卒于常州，享年六十五岁。

父亲来信：

你太叔伯的三舅公的二叔的外甥的大侄子苏翰林走了，你打三朝的时候他来吃过酒，不知道你还记得不记得。

记是不记得了，但你依然心里悲恸。

福无双至，祸不单行。

你正惆怅间，又收到舍友来信：李清照与赵明诚已于近日完婚。

虽然早在意料之中，但你的心又是一痛。

你微笑着对自己说："只是一痛而已。"

笑自己的笑没有理由，笑自己的苦没有理由，笑世间情为何物，让人心里又堵又空。

好在工作使你充实，使你暂忘悲伤。

节级来报，发现了一个贩私茶的商队。

宋朝时实行茶盐专卖，官府垄断了收购和批发环节以赚取丰厚的利润："国家养兵之费，全藉茶盐之利。"官府在产茶区设置山场管理茶农，每年采摘的茶叶除一部分以实物租税上交官府外，剩下的全部被官府收购。茶商必须向官府交纳钱物换取交引（运销茶叶的凭证，相当于现在的经营许可证），再凭交引

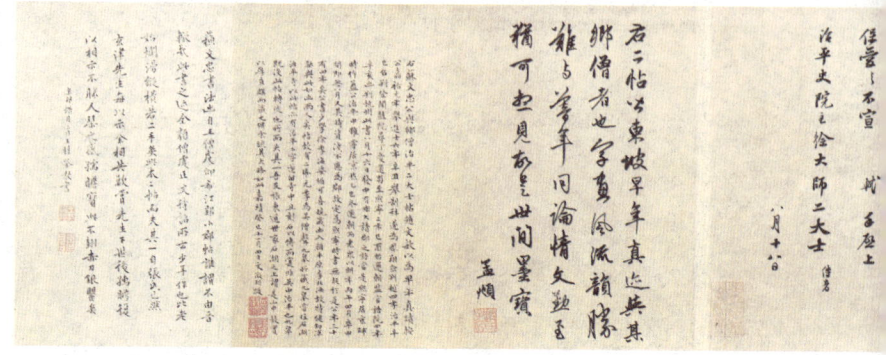

宋·苏轼《治平帖》

贩茶。

　　为防止官商勾结，宋朝官府制定了三说法、现钱法、贴射法等各种私茶法，并严禁贩卖私茶，"民茶折税外，悉官买"，"持杖贩易私茶为官司擒捕者，皆死"。茶叶只能公家买，走私者抓住判死刑。

　　虽有严刑峻法，但因为利润巨大，仍有很多人铤而走险私自贩茶。

　　中国的茶叶和茶文化最早起源于巴蜀，顾炎武在《日知录》中写道："自秦人取蜀后，始有茗饮之事。"而地处川、陕、甘三地交界的三泉县，则是茶马古道"金牛道"的重要关口。所以缉捕这些私茶私盐贩子，也是你的日常工作。

　　你带着一队人埋伏在盐茶关，不多时就见山谷间的雾气里闪出几匹壮骠的身影。你还未及开口，弓手们就挥舞着铁尺、留客住、钩镰刀等兵器鼓噪而出，茶贩们丢下牲畜货物四散逃开。朝

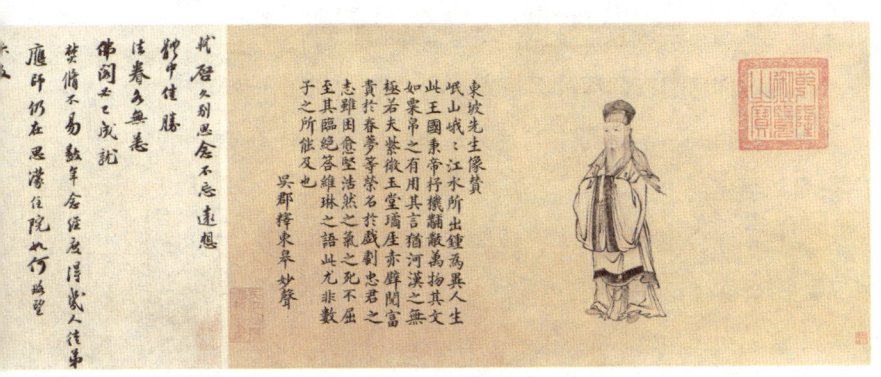

廷为鼓励公差缉茶，实行"犯者却未获，估价给赏"。抓不到贼时，按赃物价值奖赏。

而私茶贩子多穷凶极恶："负者一夫，而卫者两夫，横刀揭斧，叫呼踊跃，以自震其威。"一人背茶两人护卫，横刀举斧跳跃呼喊着给自己壮胆。只要能查获茶叶就能领赏，谁还会冒险抓人呢？你不同，你今天心情不好。瞅准一个头目穷追不舍，那家伙身形彪悍，两条腿却换得慢，被当过足球队边锋的你很快追上。见逃无可逃，他挥起朴刀呼喊着抵近。

太学里有英略社，常邀武科的人来教授拳脚刀剑，他们都是习武世家或将官之后，讲授的都是实用技能，你虽然习练时间不长，但对付一两个小贼足够了，没几下就将茶贩绊倒在地，唤手下来绑了。

将其押回县衙夜审。

茶贩交代，他也不想这样，但是捐税太重无法生活，只好铤而走险，这样才能填饱肚子。

他大哭道："地非生茶也，实生祸也！"

你走出捕房时夜已深静，月光剪出山影，庭院半明半暗。

有一种月亮，照出心中的荒凉。也许这就是时空的本质吧，空寂而又明亮。

那些和你今生相遇的人，就像茫茫夜空里的流星，匆匆掠过再无踪影。你留不住他们，就像伸出双手握不住这满手的月光。

逝者已去，生者保重。

第五节　文人风骨

晨操时，你看着校场上形形色色的衙兵，总是想：他们会怎么看自己呢？他们敬怕的是自己，还是自己这身官服呢？

你规定他们每日习操，练习蛮牌、刀术和相扑。经过一段时间操练，弓手们的懒散习气被整肃得焕然一新。

相扑起源于中国古代氏族部落时代的"角抵"："以角抵人，人莫能御。"后来成为一种军事训练项目：由武士脱衣束腰，裸腿露臂，徒手进行角力比赛。到秦代时发展成一种表演性的竞赛，"始皇并天下，分为三十六郡……郡县兵器聚之咸阳，销为钟镶，讲武之礼，罢为角抵"。秦始皇将天下分为三十六郡，将兵器铸为钟鼎，手脚痒？去练相扑。

宋朝时相扑已成为宫廷宴乐的压轴节目，并设置了职业相扑手，称为"内等子"。

相扑在民间更是风行，在汴京城内的瓦子（相当于现在的大型娱乐中心），经常举行相扑表演，还有全国性的相扑比赛。《梦粱录》记载："若论护国寺南高峰露台争交，须择诸道州郡膂力高强、天下无对者，方可夺其赏。"护国寺擂台赛，诚邀天下英雄参加。

那时还有女相扑手，她们装束火辣缠斗凶狠，比赛时连皇帝也被吸引观战。这些都是收费的商业表演赛。《梦粱录》记载："瓦市相扑者，乃路岐人聚集一等伴侣，以图摽手之资。先以女飐（即女选手）数对打套子，令人观睹，然后以膂力者争交。"先由女相扑手上阵暖场，然后重磅选手再上场比赛。

宋太祖带兵时就在军营里开展相扑运动，作为增强体质选拔军官的训练科目。这项"圣训之法"一直沿袭下来，也被称为角力、拍张、争交、素舞等。

两个都头知道自己有把柄在你手里，怕你有一天跟他们算总账，开始变着法子贿赂你。对他们来说，最好的办法就是拉你一起下水。

这天公事完毕，他们叫上主簿请你去吃饭。

宋朝时各州县都有公使库，公款吃喝的费用称为公使钱。很多官员借公使宴名目奢侈享乐，"幄幕、器皿、饮食、妓乐，百物华侈"，为填补公使库亏空，又变相压榨百姓为自己敛财，"一岁如此之费当千缗，则此辈取于民者万缗矣，当万缗则取千万缗矣"。

看似繁荣强盛的大宋因为腐败的吏治，已是金玉其外，败絮其中。

主簿虽与你平级，但因为掌管赋税、出纳、官物，握有财权，年龄又大你很多，所以你表示："这顿饭怎能叫兄长破费，我请客！"

主簿笑了："咱们吃饭还用掏钱？要赚钱的啊！"

你们换了便装，来到县城最大的熙春楼。

宋时城市里的酒店分为三大类：拥有酿酒权的正店，没有酿酒权需从正店批发的脚店，小型零卖的扑户酒店。

一进酒楼，店主就忙不迭地迎上来："老爷们好口福！本库新酿一色高酒，上等酽辣！"将你们引入楼上雅间落座。

宋朝是个重视礼仪的时代，席间座次很有讲究，一般是东翁西宾，不能反客为主。如果邀请的宾客是位长者，按照宋人以右为尊的习惯，则安排长者坐在宴席右侧位置，主人自己坐东边的位置，东即左，表示主人的谦虚态度。席位上一般还有一个北面的位置，是宴席上最尊贵的位置，是留给主人家的尊长坐的。

落座后店伙会捧着脸盆，请主客依次洗过手后，再按尊卑次序发放酒杯给大家倒酒，至此才算正式开席开始上菜。菜上齐后，主人首先举杯祝酒，客人也都起立，按尊卑次序饮下这杯酒，算作一巡。一巡后就可动筷，但一般大家都是敬酒三巡，等主人动筷后，宾客才开始用餐。席间如果有礼乐伴奏，主人敬酒时如果礼乐不停，就要一直端着酒杯等声乐停止。

银执壶，菊花盏。陪酒的芸娘莲步轻移，在你耳边柔声说："哥哥请用。"将金制的菊花盏给你斟满。

对宋人来说，宋瓷太不上档次了，请客一般都用金银餐具。夏天时，街上卖冷饮时鲜的店家，生意好的都是用金银器具。

宋时的酒分为两大类：一类是纯粮酿造，一类是加肉酿造。

《寿亲养老新书》中记载了一种羊羔酒的酿法："米一石，如常法浸浆，肥羊肉七斤，曲十四两，诸曲皆可。"一石米七斤肉，十四两酒曲……皇家秘方不可外传。皇帝赐给大臣的御酒，一般就是这种羊羔酒。

斟酒也有讲究："酒斟满，捧觞必蘸甲。"意思是酒要倒满，端起杯时酒要蘸到指甲上，这样才显得有诚意。

席间还有娱乐项目——投壶和猜筹。

投壶是指大家往一个腹大颈细的壶里投箭，看谁命中率高。箭长以"扶"（一扶约为四寸）为单位，越短难度越高。投壶前主客间要请让三次，而且"毋幠、毋敖、毋偝立、毋逾言"，要恭敬专注，否则受罚。并有专人以签计数，投中一签叫一"奇"，两签叫一"纯"，如果主客投中数一样，则报"左右均"。

投壶源自上古时宴会上的射礼，司马光在《投壶新格》里写道："夫投壶细事，游戏之类，而圣人取之以为礼……是故投壶可以治心，可以修身，可以为国，可以观人。"游戏玩得好，下可以强心健体，上可以报效国家。

你们不像士大夫那样注重礼仪，胡乱投了几支取乐，就坐下猜筹喝酒。

"筹"是一种小木签，有的用来行酒令时计数，有的上面刻字，如抽到"年长者饮"，则在座年龄最长者饮一杯；如抽到一句古诗或一个谜语，接不上下一句或猜不出谜底者就饮一杯。猜筹靠的是手气，考的是酒量。那时高度的蒸馏酒还没有普及，一般的酒都是十来度的低度酒，但喝得多了酒劲上头。

宋·马远《月下赏梅图》

你保持微笑，说话有些大舌头了。

主簿和都头一对眼神，让芸娘坐到你身旁。

你找了个借口起身下楼，到柜上会了酒饭钱，让掌柜的转告楼上："自己不胜酒力，先行一步。"

你在路上摇摇晃晃走，但心里是清醒的。

为什么走了呢？是因为警觉吗？不仅如此。有一种发自内心不由自主的抗拒，让你无法放开怀抱，纵情酒色。这是文人的清高吗？你也不知道。

一日驿兵来报：陈师道到了。

他是黄庭坚的好友，元符三年（1100年）被启用为棣州教授，赴任途中经过此处。你忙赶去迎接，二人相见甚欢。

陈师道一生清贫，却不肯放下身段屈就世俗。《宋史》记载他家"或经日不炊"，但他仍"左右图书，日以讨论为务"。因为家境贫寒，妻子与三个孩子随在外地为官的岳父一起生活，自己却因家有老母无法同行，一家人骨肉分离，他愤而赋诗："夫妇死同穴，父子贫贱离，天下宁有此？昔闻今见之！母前三子后，熟视不得追。嗟乎胡不仁，使我至于斯！"天下竟有这样的惨事！而且主角是我！

送走陈师道，看着他瘦削的身影渐渐远去，你突然明白了那个困扰着自己的问题：虽然身处这边城僻地，整天跟三教九流周旋，但你心底仍存着一点清高和一点正直。

就是这一点文人的风骨，让你不愿和他们同流合污。

宋代名士很多都有做朝廷高官的经历，这造就了他们"先天下之忧而忧，后天下之乐而乐"的胸怀，和"富贵不能淫，贫贱不能移，威武不能屈"的气节。文如其人，宋代诗词中那些率真言辞和骏爽风格，就代表了宋代文人的高迈人格和凛凛风骨。

第六节　军神

近日你有一件大事。

种师道为前线部队督粮过境三泉县，由你全程协助。

种师道是名将种世衡之孙。种家子弟五代从军，数十人战死沙场。历史上的种家军作战勇猛，无往不胜，比杨家将更有名气。

种师道戎马一生，深得天下百姓爱戴。

你见到他时，他正出任熙河路推官，为部队籴买粮草。

三泉县一江三河，自古就是交通要道，"商旅云集，流移辐辏"，"两川四路物帛绫罗、锦绮、绢布、绸锦，每日纲运甚多，递铺常有积压"。

嘉陵江滩多水急，险处"白浪横江起，槎牙似雪城"，很考验航运交通的管理能力。

粮船重慢，运军粮的船队已被民船堵塞滩前，队形散乱了。

你命人在江边立旗击鼓，又遣卒到等着过滩的商船上传话："即刻停泊江边给粮船让出航道，三通鼓毕，未让者船货充公。"

一通鼓响起，几十名弓手手持长叉挠钩列队岸边。二通鼓毕，拥挤的商船开始挪泊两岸。到三通鼓后，航道已经清空。

你又派人到岸边高处举旗，引导粮船安全过滩。其实这是从唐朝传下来的举旗护航法："帅司遣卒执旗，次第立山之上，下一舟平安，则簸旗以招后船。"派人执旗列于高处，一舟通过，再摇旗通知下一艘通行。

你到三泉县后，看到码头航运多靠船工自持，通过慢、风险大，就编制了水运《仪制令》，刻石立岸，并由码头船家轮值护航，过滩商队按船收取公费交给旗手。

也许，这就是世界上第一支水上交警队。

粮船队顺利过滩抵达码头，卸货后转为用太平车陆运，从这里直奔泾原道。送别宴上你举杯敬种师道："将军久戍边关，功高劳苦，弟唯有薄酒相敬，望将军多多保重！"

他哈哈大笑："大丈夫生而为国，死亦何惧！"

这酒喝得无比痛快，你全身每个毛孔都似张开深呼吸。

醉是什么？醉是心如水，所有的块垒消失，只剩柔软，只剩坦荡。

酒后奉茶，借着酒劲，你把自己的一些想法说了出来。

北宋时为边境军队送粮一直是个大难题，派兵易，运粮难。往往运十人份粮路上就吃八人份粮，虚耗严重。

为节省费用，朝廷用发放"茶引"的方式吸引商人往边境送粮，商人交粮领引后再到官府统管的山场买茶贩卖。看似官府用一张经营许可证就能获利养兵，实则弊病很多。因为茶叶被垄断专卖，所以官府往往从茶农手里低价收购然后高价卖给茶商，茶户、茶工、茶商、茶贩被重重盘剥，只好以次充好或者私自贩卖，直接影响到朝廷与西夏等国的茶马互市。

游牧民族常年饮食膻腻，茶叶能解毒去病助消化，对体内

宋·佚名《非熊叶梦图》

缺少植物纤维的他们来说无疑是至宝。"夷人不可一日无茶以生。"而中原地区山林广袤，适合种茶，却没有重要的战略物资——战马。所以从唐代时就有茶马互市的记载："（茶）始自中原，流于塞外，往年回鹘入朝，大驱名马，市茶而归。"以茶换马，各取所需。

到宋朝时宋人用铜钱向游牧民族买马，但人家偷偷将铜钱收集起来铸造兵器，所以朝廷设立茶马司，订立私茶法，用严刑峻法禁贩私茶，以致摇手触禁，"狱户填满"，但根本无法禁绝。人家都吃不上饭了，还会怕刑罚吗？

因此你建议，朝廷必须让利。

一是提高商人运粮贩茶的利润。这一路跋山涉水，路况又不好。重车、长途、险路，稍有闪失，商人就可能倾家荡产，从而沦为盗贼。所以官府要给商人让利，定点清算，放宽期限，不乱收费不拖欠。这样就减少了一路上的茶税和勒索，使商人有利可图。

二是向茶农让利，提高收购价格和等级，这样他们就不会以劣充好和隐瞒产量，从根本上挤压私贩的空间。

保证以茶搏马，以保证军备羁縻诸蕃，已关系到朝廷的利益。茶叶是国家的重要战略资源，而宜州（相当于现在的云贵川渝和陕西汉中）是重要的产茶区，其中的"雅州名山茶"更是川茶中的上品。川茶年产量近三千万斤，而实际上朝廷能控制多少？有多少被私贩到边境？这已不是茶利茶税的问题了，这是资敌！

种师道听你说完，神色渐渐凛然。

你拱手说道："今日以酒盖脸放胆直言，还望将军勿怪。"

他也向你抱拳："君所虑深远，余即上陈朝廷！"

第七节　相亲

种师道回到边疆就给朝廷上了一本，转述你的茶马理论并盛赞你"年少老成，可堪大用"，不久朝廷就下诏让你回京。

这就回京了？是的，回了。

在三泉县的三年，你瘦了，脸庞被一点点削出了棱角。是这里的江水太急，还是这里的山风太烈？

缉私捕盗、查案整备，迎来送往、维持治安。忙时忙到脚碰后脑勺，偶尔又闲到细数雨打落叶声。

你在摸爬滚打中一点点地认识社会，一点点地感知人生。

你现在正是抬眼觉着天低，振翅觉着风短的年纪。

心里的风声猎猎响起，你悄声对自己说：汴京，我回来了！

崇宁二年（1103年）你启程回京，人还在山道间驴背上颠簸，一颗心却早已飞回了家。

就在途中这两个月间，事情却又起变化。

宋徽宗即位后，遣宦官童贯到杭州为自己搜刮书画珍玩，贬居杭州的蔡京精心绘制屏障、扇面让童贯带回皇宫，博得徽宗的青睐，并于去年七月被任为相。其掌权后独揽朝政，打击异己，对元祐党人严加羁管，撤毁陈列在景灵宫的司马光、吕公著等大臣的画像，禁毁三苏、张耒、秦观等人的著作。

这一年九月又掀起大规模的政治迫害，将刻着元祐党人名单的元祐党籍碑颁示全国，苏轼、黄庭坚等人皆在碑上。一入此名单，全族跟着遭殃，不能担任在京差遣，甚至不能擅入京师，政治前途就此止步。

而你受此牵连，刚回家就被停职在家了。这突如其来的变故让全家人都愁眉不展。爹爹背着手吟诗："人生无根蒂，飘如陌上尘。"突然一转身对你说："反正没事干，不如结婚吧，用喜事冲一冲背运。"

结婚？跟谁？你一时茫然。

父母之命，媒妁之言。

古时女子三从四德，大门不出二门不迈，到宋朝时女性的社会地位稍有提高，有受教育权、财产权、离婚权、改嫁权等，妻子可以提出离婚休了丈夫：嫌老公长得丑可以离婚，嫌老公没钱可以离婚，嫌感情不和可以离婚……

时人感叹："为妇人者，视夫家如过传舍，偶然而合，忽尔而离。"忽来忽去，把家当成旅店。

北宋著名政治家、文学家范仲淹的母亲，在丈夫去世后就带着范仲淹再嫁他人。但那时对女子仍有很多限制，出门须有侍女陪伴，且须用面纱遮脸。除了上元节等节日，大家闺秀基本深藏闺中。

古人认为"自媒之女，丑而不信"，婚嫁只有经媒人出面，才合乎礼教道德。媒人是历史上较早从事信息产业的人士，接触面广，消息灵通，而且善于沟通，眼光独到。

古代的媒人分为职业媒人和临时媒人两种，职业媒人又分官媒和私媒两种。

早在周代就有官媒制度："司男女之无夫家者而会之。"

元·佚名《游园仕女图》

由官府设置并发放俸禄。到宋朝时媒官又分等级："其媒人有数等，上等戴盖头，着紫褙子，说官亲官院恩泽。中等戴冠子，黄包髻，褙子，或只系裙，手把青凉伞儿，皆两人同行。"职称不同工装不同，服务的商圈也不同。

私媒则多由市井口齿伶俐的妇女担任，她们都深晓礼仪，善于机变，能精准把握男女双方的心理喜好。这种职业私媒都未在官府登记，以说媒所获的礼金为生。

临时媒人多由民间有名望的长者担任，为他人子女临时做媒。

你未来的妻子，就在某个临时媒人某一时刻的某个念头里。

宋时订婚前男方可以"相媳妇"，由男方约定日子，备酒礼请女方，双方相见，若男方满意就将一根金钗插于女方发中，称为"插钗"。如果不满意则送彩缎两匹，称为"压惊"。

先让双方大概了解一下。

媒人请了日子后，爹爹领着你在樊楼请女方吃饭。

他说："家里现在不差钱，请客吃饭全部要好的！"

宋徽宗即位后声色犬马，大兴土木，开始建造艮岳，方圆十里峰高百米，阆苑仙葩妆点，宛如名山大川。并驯养无数珍禽，等他去游玩时表演"珍禽迎驾"。还要"造云"：悬挂许多油绢囊，收集假山间的雾气，等他去时将油绢囊全部打开，营造雾气缭绕的氛围，美其名曰"贡云献福"。又建造延福宫：新建三十多座宫殿，垒石成台疏泉成湖，殿台亭阁争奇斗艳。

宋徽宗的穷奢极欲给你家族的"科达"工坊带来了无限商机。

宋朝时门第观念已经淡薄，谈婚论嫁更注重对方财产。司马光说过："今世俗之贪鄙者，将娶妇，先问资装之厚薄，将嫁女，先问聘财之多少。"娶媳妇先问嫁妆，嫁女儿先问彩礼。

你对相亲并不是很抗拒，见见看，有枣没枣先抡一竿，但若是贪财粗鄙者，你坚决不从。

你心里的标准是：词不须清照，人须要清雅。

见面后你内心不再排斥，她温雅娴静，有一种不同于李清照的温婉。

你举杯说一句："造化可能偏有意。"

她接一句："故教明月玲珑地。"

这是李清照的新词。你心中一震，将金钗轻轻给她插于发间。

第八节　婚礼

宋朝的婚礼最为认真。处处有讲究，步步有规矩，最具仪式感。

古时婚姻有六礼：纳采、问名、纳吉、纳征、请期、亲迎。

　　纳采指男方遣媒往女家提亲，若女方有意，再派媒人携"采择之礼"正式向女方求婚。

　　行纳采礼后，男方再托媒人问女方名字和出生年月时辰，以便男方卜问八字是否相合，所以叫问名。

　　接下来就是纳吉：将吉兆通知女方，并送礼表示要订婚。

　　纳征也叫纳成，指男方给女方送聘礼，以此表示婚约成立。

　　请期是指男方择定成婚吉日，由媒人携请期礼书请示女方，女方复书同意，并以礼饼分赠亲朋通知日期。

　　亲迎也叫迎亲、迎娶，由新郎带队到女方家迎娶新娘。迎亲队伍打头的是"望娘盘"，女方会将"望娘盘"内的点心分送邻里亲朋，寓意出嫁后女儿仍常回家探望母亲。古时"望娘盘"内也必有雁。

　　因为雁的配偶终身专一，古人以此象征婚姻的美满坚贞。

　　因为历经战乱时世变迁，到宋朝时六礼已合为三礼：初议问卜（纳采、问名、纳吉）、下聘请期（纳征、请期）、迎娶（亲迎）。

　　首先是起"草帖子"，即为提亲事而起的草稿，说明男女双方籍贯、世系三代和出生年月日，女方草帖上还需写明陪嫁的财产。

　　如果初步讨论双方都满意，并且占卜显示双方八字相合，就要起"细帖子"，算是正式提亲的定帖，也叫婚书。要写明各自详细的家世、人口、财产等，男方写"将奠雁以告虔"，意思是我们要来啦！女方回"自愧家贫，莫办帐幄之具"，提前说清楚：陪嫁少！

　　然后就是下定礼，一般有茶酒、果饼、缎匹、金银、双羊等等。茶是礼单第一项，所以送定礼也叫"下茶"或"茶礼"，女方则称之为"受茶"。酒要用绳网笼住酒瓶，扎上八朵大花，酒担上也要缠绑红花，称为"缴担红"。定礼一般为八合到十合，以彩帛蒙盖，附上销金纸制成的礼书和礼单，称为"双缄"。

　　女方接礼后，要回送一半的定礼，再把两瓶水、三五条活鱼、一双筷子、两根葱用男方送来的酒瓶装回，称为"回鱼箸"。

　　然后就要送聘礼啦！先是三金，金钏（手上戴的金镯子）、金镯（脚上戴的金镯子）、金帔坠（压坠衣角使之平整的饰物），然后是绫罗绸缎、珠翠团冠、茶果羊酒，还有金银元宝，称为"下财礼"。还要送媒人礼物：缎匹、杯盘、钱物等，称为"媒箱"。女方则回赠彩帛、刺绣等物。

明·仇英《清明上河图》（局部）

彩礼虽然重,但有一个好消息:可以住在父母家中,无须另备婚房。

《宋刑统·户婚律》规定:"诸祖父母、父母在,而子孙别籍、异财者,徒三年。"意思是不管祖父母还是父母,只要家中有老人就不能分家立户,否则就要坐牢。如果只分家不另立户籍,则为法律所允许。

吉日择定后,你就要给亲朋好友们送请柬了。如果在家宴客,请柬外须套上白色封皮,封皮上竖贴红纸,写上客人姓名。如果在外面请客,酒楼都备有印好的请柬,上写"假馆不恭"四字,意思是没有在家里,请您请多多包涵。

客人接到请柬后,如果能来就在请柬上写"知"或"敬陪末座",如果不能来则写"谢"或"敬谢不敏"。酒楼有专门跑腿送请柬的服务员,称为"白席人",你只需要确定客人就好。

请谁呢?亲戚好友自要通知到位,同学同事嘛……你正是仕途失意备受排挤之时,谁愿意蹚这浑水呢?

人都有怕受牵连的自保心理,你理解。那些高升的你不愿攀附,被贬外地的来不了,避嫌的也不会来,可是,请柬送不送呢?

爹爹见你提笔沉思,问明原因后哈哈大笑:"自古就是好摆席难请客,何必为此烦恼!"

婚礼临近前还有两个仪式:催妆和铺房。

婚礼前三日男方会送去香粉、凤冠、霞帔等用于新娘妆扮的物品，称为"催妆"。婚礼前一日，女方派人到男方家布置新房，挂帐幔铺被褥，称为"铺房"，铺好后要派至亲或陪嫁的丫头守在房中压房，直到接来新娘。

家里人来人往热闹非凡，你反倒无所事事，不知如何是好了。

初次结婚，有点烦躁……不对，应该说"请多关照"，应该是谦敬感激的心态才对。

也许站在人生的重要关口时，谁都会忐忑不安，竟有点想逃。

吉时已到。

捧着瓶烛香球、纱罗妆奁、裙箱衣匣，抬着花轿花担的迎亲队伍，伴着乐队鼓吹，准备出发了。

出门前要先祭拜家庙，举行"醮子"。爹爹要训导你："往迎尔相，承我宗事，勖率以敬，先妣之嗣，若则有常。"意思是要承续宗族香火，要一直相敬如宾。

你保证："诺。惟恐不堪，不敢忘命。"

然后两对宫灯开道，你抱着雁率队出发。

到女方家后受酒礼款待。新娘子也要拜家庙，举行"醮女"。父母要叮嘱女儿："敬之，戒之，夙夜无违尔舅姑之命。"意思是去了要乖。

女儿保证："诺。惟恐不堪，不敢忘命。"

然后"奠雁"，你跪拜女方父母，把大雁放在地上。女方接受大雁后你再拜，从西阶出屋来到花轿旁，举起轿帘等新娘。

这时迎亲队鼓乐响起，克择官（一种礼官）报时辰催请，新娘子拜别家庙后出阁登车，有给红包才起轿、抢喜糖、拦门等风俗。新娘下轿前，礼官将谷豆钱果等望门而撒，孩童们争相拾取，此谓"撒谷豆"。撒后才请新人下轿，由一人捧着镜子对着花轿倒行，再由几人执花烛在前引导，新娘双脚不能着地，踩着轿前铺着的席布进门。

进门前还要跨一座马鞍，有些地方会让新娘抱着宝瓶跨马鞍，以求又"平"又"安"。然后新娘坐在新房内，称为"坐虚帐"。而亲戚邻居会往来看新媳妇，有的地方会参观整整一天。

此时宾客入席，而你被人引到一把放在中堂榻上的椅子上坐下，谁请你都不能动，只有丈母娘来你才下座归房，称为"高座"。然后两家各出一段彩帛挽成一个同心结，让你和她各执一边，称为"牵巾"。

你们俩一人牵一边，回房行交拜礼后，她向左你向右，用红绿彩带把两个酒杯连接起来，双方各饮一杯，称为"交杯"。

还有一个仪式：合髻。将你和她的头发各剪下一缕，合梳在一起，也叫"结发"，寓意白头偕老。

然后就要到筵席上参谢宾客，接受亲朋贺喜。

第一对冲上来的是舍友夫妻。你曾一直好奇：像舍友这样的人，会找一个什么样的妻子呢？

在他的婚礼上你知道了答案：竟是一个娇滴滴的女子。

舍友上来朗声吟道："今日执雁迎娇妻，明年给娃擦鼻涕。"

他的诗一直走的是直白风。

然后众亲朋纷纷道贺,你一一答谢。到著作佐郎晁补之面前时,你深躬施礼。他是黄庭坚的好友,也是你在太学时的老师,因为欣赏你刚直磊落的性格,一直很关注你。他诗书画俱佳,被称为"苏门四学士"之一。虽然极富才学,他却在相互倾轧的官场连遭贬职几度沉浮。你结婚这一年他因党争之祸被弹劾,贬官河中府后刚被召回京城。

你以为他是柳暗花明重开官路,他却摇头苦笑:"刚到京师身形未稳,又被徙任湖州。"

你一时不知该说什么。他要赶赴贬所不敢误期,就在酒宴上与你告别。看你神情难舍,他一摆手:"凭君天柱峰头望,看我扁舟几日归。"

送走老师,你被曾几端杯拦住。你在太学时他是辟雍博士,也是有名的诗人。他的诗师承黄庭坚,风格舒畅明快,与你意趣相投,一直交往颇深。

他很羡慕你无官一身轻的安逸,以诗相赠:"窗几数枝逾静好,园林一雪倍清新。"

这时有人通报:"伊川先生来了。"你忙出门迎接。

伊川先生是程颐,你的老师谢良佐就是他的学生。

谢老师曾把你论"理"的文章拿给程颐看,他很感兴趣,每到京城讲学都要召你前去考查学问。而你那时沉浸在单相思的烦恼中,根本没意识到这是多么珍贵的学习机会,就有些敷衍了。

谢良佐是他最爱的学生，而你是谢良佐最爱的学生，他这一趟是代谢良佐而来。

谢良佐因为得罪了宋徽宗，被下狱废为平民，两年前已经去世了。程颐听说你结婚的消息后，以七十多岁的高龄，从峡州迢迢而来。

有一种感情，叫作师生。看似淡淡，却能温暖尘世的霜刃和生死的薄凉。

婚礼结束亲朋散去，新房里只剩下你和她。

现在，她就是你的妻子了。

妻子将你和她合梳的那一缕头发缠在指间默默看，忽然淌下泪来。

你明白她的心情。这一刻，你也想哭。

第九节　同学会

如果事物都有味道，那么同学会就像是槐花味：那些张扬的嫩，那些细小的香，那些认真的白，那些星星点点的回忆，那些在成人世界里若有若无的怀念，就像是槐花的淡香。

古代也有同学会。宋时的同学会称为同年会，同榜进士之间互称为同年："若同榜及第聚会，则曰同年会。"古代社会等级森严，那些虽有同窗情谊却未能中举的人，与中举的从此大多命运殊途，很难再有什么交集了。

同年间的聚会分为两种。一种是授褐后由官方筹办的琼林宴，规模壮观，宴席丰盛，规格高、礼节繁，皇上还要作诗祝贺："太宗好文，每进士及第，赐闻喜宴，常作诗赐之，累朝以为故事。"进士们也要献诗唱和。

另一种是同年们自己掏腰包邀集的同年私会，规模不等，有三五知己相聚的，也有遍邀同地为官者相聚的，多由仕途通达者或年长者发起，在私宅或名楼幽园等地饮宴游乐，如宋代大臣詹体仁发起的"姑苏台同年会"、诗人杨万里发起的"樱桃园同年会"等。

古代文人很看重同年会，琼林宴后同年登科的进士们要相互结为兄弟，称为"拜黄甲"。宋书《斐然集》中记述："进士同年登科相为兄弟，自唐至今亦已久矣。"拜黄甲时，先是状元拜年龄最长者，然后年龄最小者拜状元，也称"叙黄甲"。大家相互约定："所以训在榜之人，勿以科之高下相重轻，而以齿之长幼相伯仲，推此意也，凡在榜之人，是宜先义后利，爵位相让，患难相恤，久相待而远相致也。"即不论现在成绩高低也不论将来官职大小，大家只按年龄排序，以兄弟相称，相互扶持，患难与共。

还要印同学录。唐人韦绚在《刘宾客嘉话录》中写道："题名起于进士张莒偶游慈恩寺，题名雁塔下，后登科者遂为故事，乃书之于板。"后来有人专门编辑同年名册《登科记》，并刻印成书。宋时称为同年小录，"列叙名氏、乡贯、三代之类书之"，即不但记名字籍贯，还要记录三代先辈的情况。

你们这一科的状元是大名人（今属河北）李釜。崇宁四年（1105年）他由河中通判升为真州（今扬州）知州，赴任前在丰乐楼召集在京同年开同年会。你看着请柬犯愁。

去吧，朝廷党争正烈，你顶个元祐党人的帽子，身份尴尬。

不去吧，这样被打入冷宫何时是头，如能得有力者相助，或许会有转机。

不去吧，都是兄弟，好几年没见了。

去吧，都是兄弟，同在京城，但都好几年没见了。

舍友来访，见你神不守舍，问明原因后他背手踱步，到窗边举手说："啊！"

他要作诗了。一旦他语声铿锵，走起来脚后跟都使劲，你就知道他要作诗了。

他朗声吟道："人生如旅知早迟？秋阳似金却难拾。劝君腰带松一扣，吃！"

你悟了：念旧情的自会迎你，想避嫌的自会躲你，何必扭捏自苦？何况还能见到陈禾。

就去了。

丰乐楼号称汴京第一楼，宴馔之丰自不必说，"水陆之珍，靡不必备"，还从乐坊请来歌姬助兴，纵舞作乐，好不热闹。你和陈禾坐在一起。他已从太学博士升为监察御史，官运正兴。你寒暄后想坐到角落，被他一把拉到自己身边坐下。

宋·刘松年《十八学士图》（局部）

　　陈禾最近干了件轰动京城的大事：蔡京、童贯在朝中一手遮天，排除异己，朝中士大夫们都只顾低头自保，而性格刚正的陈禾则不畏权贵，不断进言劝谏弹劾。蔡京想把他从御史的位置上挪开，调任他为给事中，他坚决不受：我走了，谁来弹劾奸臣？他直言劝谏，让皇上把童贯等宠臣放逐到边地。宋徽宗生气了拂衣而起，被陈禾一把抓住，衣袖都被撕掉了。他却毫不害怕，言辞愈加激烈。直到宋徽宗正容回答："卿能如此，朕复何忧？"内侍请皇上换衣，宋徽宗说："留以旌直臣。"即留着这件破衣以表彰正直的大臣。

　　你们这一榜的榜眼范致明没来，他因得罪了权贵，从宣德郎贬至岳州监酒税。仕途路断似乎并没有影响他的心情，他在岳州游山历水书写《岳州风土记》，考证岳州各郡县的山川变易和古迹存亡，大家传阅他寄来的章句，不禁纷纷赞叹。

　　而探花林遹则因及第后遭母丧守制，一直没有入仕。赵明诚也没来，因为受到朝中新党旧党的斗争牵累，他的仕途也一直不顺。

　　众人议论着西北边境的战事。当时宋将刘延庆刚刚击退袭

扰临宗寨（今青海乐都北）和顺宁寨（今陕西志丹北）的西夏骑兵，大家频频举杯："上国天兵，击溃这些西戎小丑还不是小菜一碟！"

在地方的经历让你知道，朝廷所谓的军备是怎么回事。可是群情激昂，你又能说什么呢？只有也跟着举杯，轻抿一口。

你跟陈禾说了自己的心思，他也叹："皇上好大喜功，蔡党瞒上欺下，只报喜不报忧，徐徐图之吧。"

宋徽宗为了粉饰太平盛世，以蔡京为"明堂使"，耗费巨资建明堂、铸九鼎，席间众人纷纷吟诵自己写的"明堂赋""九鼎词"以歌功颂德，独你和陈禾对视一眼，默然不语。

似乎仍是五年前琼林宴上的场景。时光能改变一切，似乎唯有人能扛住这种侵蚀：肉磨光了，骨头还在。

第十节　得子

对一个男人来说，儿子，最好是能早生二十年。两个最像的人，就能在童年相逢。

但两个最能玩到一起的人，现在只能大眼瞪小眼。

你瞅啥！

瞅你咋的？

小的于是一撇嘴，大哭起来。

你忙把襁褓中的儿子递给妻子，甩臂吁气。你刚才一动不动地抱着他，没一会儿就两臂酸麻了。再看妻子，抱着孩子柔声逗弄，孩子没几下就不哭了，在她怀里轻声呢喃。

这低低的声音，这甜甜的奶香，就是家的气息吧。

你咳嗽一声板起面孔，开始提笔写请帖。

"况闻万里孙，已报三日浴。"把你出生时的礼节又都走了一遍。

你一岁抓周时拿的那锭元宝，爹爹还一直保存着。

这锭元宝现在也摆到了你儿子面前。面对着眼前满满当当陈列的吃食果品、金银珠宝、笔墨纸砚、弓刀秤尺，小家伙并没有犹豫，一伸手抓住铺席的边角，就往自己怀里拉。

这是……都要吗？

众人哄笑起来。

好事成双。

在闲置近三年后，崇宁四年（1105年），朝廷的诏书下来了：你被升为从八品的承务郎，协助朱勔去苏州承办应奉局，专领花石纲。

这一年九月，宋徽宗下令赦放元祐党人，贬谪的可以量移（移居内地），黄庭坚、范正平等人都得赦内迁。

你也因此得以解冻任职。

这一年徽宗为了粉饰太平，用铜二十二万斤铸造九鼎，并以黄金装饰。徽宗亲作《九鼎记》，命名中央为帝鼎，东为苍鼎，南为彤鼎，北为宝鼎，东北为牡鼎，东南为冈鼎，西南为阜鼎，西为晶鼎，西北为魁鼎，并建九成宫安放九鼎。

五代·周文矩《浴婴仕女图》

　　为了满足自己奢侈享乐的欲望，徽宗在苏州设立应奉局，命朱勔父子总管其事，四处搜刮奇花异石进献朝廷，名为花石纲。

　　苏州东濒大海北依长江，经济繁荣，交通便利，你携家带口到任后，被这里"前巷后河、小桥流水"的水城风光深深吸引，但应奉局里的乌烟瘴气，让你深深郁闷了。

　　朱勔之父朱冲，原为苏州商人，因为替蔡京建造楼阁得到赏识。徽宗喜欢奇花异石，蔡京就指使朱冲进贡珍玩，以珍玩取悦皇上，运送奇花异石的船在淮河、汴河上首尾相连。

　　花石纲就是指运送奇石怪木异花的船队，每十条船称为一纲。

　　有当朝宰相做后台，朱勔父子根本不把当地官员放在眼里，时人称其为"东南小朝廷"。他们大肆搜刮，巧取豪夺，江南几十郡地区甚至深山僻谷都被搜剔殆尽，见百姓家有一石一木可供赏玩，就派人闯入其家指为御前之物，随即破墙毁屋发运上船。为运送巨木大石还要拆城毁桥。

　　据记载，当时运河上的花石纲船队首尾相接，昼夜不息。船只不够就强征诸道运粮的纲船和商船，以致运河堵塞只能走海路，每遇风浪船只沉没，死者无法计数。

　　朱勔从国库贪污钱款，就像探囊取物，据说运送一株竹子就花费五十贯。很多百姓被朱勔敲诈勒索，出让田宅，卖妻鬻子，"一木一石，倾人家产，不可胜记"。而应奉局的官员趁机大发横财，朱勔一家仅掠来的田产就多达三十万亩。

　　整个花石纲危害江南近二十年，两浙受害最深，湖南、福建、两广乃至四川都在其搜刮之列。江南百姓一提起朱勔，都恨不能食其肉寝其皮。

而北方的边患已渐渐严重。

崇宁四年（1105年）三月，西夏派兵攻打塞门寨、临宗寨、顺宁寨，又进攻宣威城（今西宁市北），杀知州高永年。辽、西夏两国在边境大量收购宋朝铁钱，用来铸造兵器，而宋朝的应对仅仅是：改铸当二夹锡铁钱。在铸钱时加入锡铅成分，铁钱就会变脆，不能用来制造兵器。当二即折二钱，一枚当二文。

用商人的机巧来对抗敌人的铁血，结局可想而知。

应奉局本是个肥差，你却不愿跟着他们出去强取豪夺，终日躲在家里以酒消愁。

妻子不解："官人何苦烦恼？"

你忧心忡忡地说："强敌环伺，而朝廷只知享乐。长此下去，国将不国啊。"

妻子说："奴家不知大丈夫事，只知人皆如此，郎君何独异？"又说，"奴知郎君忧国，国可知郎君？"

你默然，抬眼望天。国是什么？是抽象的名词，还是茫茫的山河？

你知道答案。国是祖辈和你的出生地、成长地、埋骨地，是你说时的语言，是你唱时的乐感，是你望时的目光，是你哭时的泪水，是你基因里的密码，是你回忆时的背景，是高广的天地，是微热的皮肤，是围护着你生活的、沉默而广阔的全部。

你对妻子说："国兴皆安，国破皆苦，虽匹夫不敢忘忧也。"

又说:"大丈夫当心存抱负,岂能自甘沉沦!"

你举杯一饮而尽,回屋铺纸研墨,上书痛陈花石纲危害及朱
勔父子勾当,写完笔一扔。是福不是祸,是祸躲不过,随便了。

第十一节　天象

这天上的星星,是夜空中的实体,还是夜幕上的孔洞?

崇宁五年(1106)正月,天上出现彗星。史书记载:"五年
春,正月戊戌,彗出西方,其长竟天。"彗星出现在西方,二十
天后才消失。

古人把彗星叫作扫帚星,认为它是不祥之兆。宋徽宗认为这
是上天在警告自己,于是下令毁掉元祐党人碑,并相继叙用、恢
复了元祐党人一百五十二人。徽宗因为星变还减少自己的膳食,
诏令众大臣,让他们直言自己执政上的失误。

可惜你的上书没赶上这个好时候。

宋徽宗是历史上有名的浮浪天子,转眼就把这份谦恭丢到了
脑后,继续任由蔡京等奸谀之臣把持朝政。蔡京和王黼、童贯、
梁师成、朱勔、李彦被时人称为六贼,他们结党营私迫害异己,

贪赃枉法鱼肉百姓，使朝廷乌烟瘴气，百姓民不聊生。

蔡京尤擅窥测逢迎，他见徽宗耽于游乐，就自己拟成诏书让徽宗抄示给相关部门照办，还称为御笔，不遵者以违制论处。

宋代的政事决策原来有合理的程序：宰执议定后，面奏皇上，皇上下旨给中书省起草诏令，再经门下省审议，有不妥当处中书舍人和门下省的给事中都有权封驳（拒绝通过，并上奏自己的理由），通过后才交付尚书省执行，同时侍从官还可以提出自己的异议，台谏官可以论谏弹劾。御笔直接绕过封驳和论谏，导致君权失去制约，蔡京等人就可以假借上意为所欲为。

你的上书结果可想而知，被批"构陷上官，妄议朝政，语状狂悖"，好在你这个承务郎只是个无实权的文散官，被判"落职"。

宋朝时对官员的处罚按官阶和职名分两种，针对官阶的处罚有降官（降低官阶），追官（比降官降阶更多），责授（大幅降阶，可一次性直降十几阶），免官（彻底摘去乌纱帽）。针对职名的处罚有降职（降低职名），落职（直接削去职名），免所居官（等同于落职），夺职（永久削去职名，除非得到特旨，否则永不叙复）。

一般落职后，经过若干期（一年为一期）后，可叙复原职，相当于现在的停职察看。

虽说还有复职希望，但只要蔡党在朝，你的仕途就基本没指望了。

你北拜谢旨，打点行李准备回京。心想，正好！应奉局里众人都视你为异类，处处挖坑排挤，你巴不得离开。

你两袖清风，全靠那点俸禄，生活一直捉襟见肘。

妻子边收拾东西边安慰你："正好！回家里住还能少些花费。"

你仰天大笑："是啊！正好这两个字真妙，不管是福是祸，每件事发生时，都是与当事人贴合得刚刚好。"

这按序排列的岁月，是它们在移近，还是你在走向它们？

似乎一切都已注定，你只是在按序经历。你陷入一种没有方向的茫然，心有鸿鹄之志，却无鸿鹄之力。

回京后，你蜗居家中，夫妻琴瑟和鸣，儿子渐渐成长，似乎岁月静好，但心里的无力感渐浓，是年龄渐长消磨了锐气，还是锐气渐失抵挡不住岁月？

有时你也会出去和朋友们聚一聚。舍友仍在京城，他几次科举不中，也未升成上舍，最后进太府寺做了个胥吏。

这天他告诉你，一直外任浏阳的杨时回京了，奉敕差充对读官（对读官为科举考试中，负责将誊录后的朱卷和原来的墨卷进行校对的官员，为宋朝始置）。

像暗夜里看到一束光。

你不由心中激动：二十多年前，杨时曾给你留下一句话，现在他来讲解了！

你早早遣人递了拜帖，到了时候便忙赶着去拜访杨先生。

"先生可还记得我？"

杨先生一笑："福善义学小顽童。"

你心中一热，唠唠叨叨好些时辰，他听你说完自己的际遇，既感慨也赞赏。他也正准备上奏朝廷，拿出刚写好的奏章让你看："为政以德……节以制度，不伤财，不害民……"好官府要体恤民生……

和你一个调调！两人相视而笑。

第二天杨先生就被关进了贡院。

宋时科举实行锁院制度：考官被任命后，就要被关进贡院与

宋·马麟《楼台夜月图》

外界隔绝，在全封闭状态下完成命题、考试、阅卷、判评等全部
工作，直到放榜后才能解禁出院。

科举刚结束，杨先生又被转授余杭知县。他走后，你常常看
着夜空上的星星，一句句回想他说过的话。

也许这星星，是这天墙上的孔洞。

也许这世界，有着另一种你想不到的面目。

人常说三十而立，而你却闲住在家无所事事，迷茫像灰尘渐
渐堆积心头。杨先生的话就像一道缓慢的闪电，一点点亮起来，
亮成一道锯齿，破开了蒙在你心头的重重迷雾。

第十二节　近视真麻烦

你通宵达旦，认真研读杨先生推荐你看的那些理学书籍，
渐渐觉出自己的认知开始起了些变化：你已经能把"我"从一
片混沌中剥离出来，达到了物我分离的境界。你挺激动，更加
刻苦地读书。

累了就放眼窗外，渐渐就觉眼前的一切都模糊了起来。

这……是要悟了吗？你喜极欲狂，狂完发现，原来是眼睛近
视了。

在古代的读书人中，近视现象并不少见。

隋代《诸病源候论》中就有关于近视、散光、复视、弱视等病状的记载。白居易、杨万里、黄庭坚、杜甫等都是近视眼。

《石林燕语》记载欧阳修因为近视只能听书："欧阳文忠近视，常时读书甚艰，惟使人读而听之。"读书改为听书。

韩愈在《祭十二郎文》里写道："吾年未四十，而视茫茫。"

司马光"素有眼疾，不能远视"。

王安石因为高度近视，吃饭只吃眼前的一盘菜。

据说有一次宋仁宗在皇宫内苑宴请大臣，为活跃气氛，仁宗让众臣到御池钓鱼，然后御厨用大家钓上来的鱼开鱼宴。大家都兴高采烈，只有王安石看不清鱼漂钓不上来，内侍给每人发的鱼饵用金碟盛装，他以为是小吃，坐在那儿把一盘子吃完了。宋仁宗看在眼里，据此认为王安石是一个虚伪狡诈之徒：因为一般人如果误吃了一粒鱼饵，就会发觉味道不对，而王安石为掩饰自己的失误，竟把一盘子都给吃了。后来王安石向宋仁宗上宣扬变法的万言书，被仁宗弃置不用。

近视了怎么办？治啊！

那时治疗近视眼有药物治疗和理疗，理疗有烟熏和药洗，宋人《苏沈良方》中记载着药洗眼目的方法："上盛热汤满器，铜器尤佳，以手掬熨眼，眼紧闭勿开……"意思是紧闭双眼，用双手将热水洒到眼睛周围，等到冷却为止，每日清洗数次即可明目。

据史料记载，苏轼就长期坚持热敷双眼，缓解了目痛之疾。

唐代孙思邈在《千金要方》里记载的治疗近视的药方就有七十多种，比如枸杞子榨油点灯、小黑豆泡水什么的，却都需要常年坚持："因服小黑豆勿辍，凡二十余年。"

一个疗程二十年？！太长了。

怎么办？就过这种三步外雌雄难辨、十步外人畜不分的生活吗？而且视物模糊容易疲劳，看一会儿书就得休息。

你想起沈括留给你的凸透镜，后来被爹爹当放大镜用来看账

宋·佚名《杂剧卖眼药图》

本。水晶片镶在银圈内，能将物品放大数倍。

古代很早就有放大镜了，战国时期《墨子》中就有关于凹凸透镜的论述，只是古代的玻璃透明度不够，镜片都是用水晶石磨制的。

你试了试，是能改善一点视力，但使用不方便，需要歪头眯眼，还要保持一定的角度对准目标。你买来水晶自己磨，刚开始手法不熟，有的薄了有的厚了，挺贵的，又舍不得扔，就留着把玩。这天你无意中把两片叠起来看，就看见拴在院里的驴，一下子近在眼前。咦？你大为惊奇，开始反复试验。

经反复验证确定：此物可以视远。

你心中激动：此物可以军用，而且使用方便。一手拿一个镜片在眼前对准，焦距可调，体积小成本低，单片还能生火看地图。

你上书枢密院，以此慰藉自己未了的从军梦想。

结果如泥牛入海。

没人对这些奇技淫巧感兴趣。你无意间发明了世界上第一架望远镜，却只有驴知道。

五百年后，荷兰一位眼镜商汉斯·利伯希偶然发现用两块镜片可以看清远处的景物，受此启发制造出人类历史上的第一架望远镜，世界皆知。

无所谓了。你开始给自己磨镜片。镜片大了有点重，架在脸上不好受。你脑洞一开，用布缝了个面罩，把镜片包嵌其中，戴在头上出去走了一圈。感觉不错：又轻便又清晰，就是有点热。

书童目瞪口呆："鬼耶！"

这提醒了你。你取下面罩，用木头制作出镜框，给自己戴上了宋朝第一副双镜片近视眼镜。

中国最早的眼镜出现在宋朝。那时叫作"叆叇"，宋人赵希鹄在《洞天清录》中写道："叆叇，老人不辨细书，以此掩目则明。"老人看不清小字，用这个看能清楚些。

宋人笔记《暇日记》中记载："史沆断狱，取水精（水晶）十数种以入，初不喻，既而知案牍故暗者，以水精承目照之则见。"史沆断案要用十几片水晶，开始不知道为什么，后来明白是因为看不清卷宗。

儿子已经六岁了，看见你的新眼镜，跑过来缠着你也要戴。

仕途失意了，俸禄没有了，家族里那些叔伯妯娌看你的眼光就变得有些微妙了。大家同住在祖宅里，就你不出家用！不是差你那点钱，是差这个理！

妻子就跟你商量，想搬出去租房住。

宋朝时官员可以携家眷住在官衙，也叫"官廨"。前面办公后面住人，所以人们把那些生长在官衙内的官员子弟称为"衙内"。像你这样的贬谪官员，则无权住在官衙。

宋朝时冗官现象十分严重，大量官员无处居住，只能租民房或者住在官府提供的公租房里。

宋朝时有专门管理公租房的"店宅务"，分"左厢店宅务"和"右厢店宅务"，各负责东城和西城。租房只需到店宅务登记，就能免去五天房租，而且租金低廉，据考证每月房租仅450

文左右。

官府严禁涨房租，宋真宗曾为此下旨："如闻店宅务将人户久赁屋增偺钱，但成劳扰，速罢之。"不许涨价！"违者罪在官吏"。还有很多免租金的福利：遇到天灾人祸、喜丧都会减免房租，下大雪也减，下大雨也减，过节也减……

妻子越算越高兴，恨不能即刻出去住。

你一拍桌子：租什么租？买房！

第十三节　买房

宋朝是中国历史上房地产市场最为活跃的时期，"贫富无定势，田宅无定主"。城市街头到处都是房产中介，称为"庄宅牙人"。

汴京是当时世界上最繁华的大都市，人口众多。《东京梦华录》中写道："以其人烟浩穰，添十数万众不加多，减之不觉少。"增减个十来万人，都没感觉！

京城房价火爆，"非熏戚世家，居无隙地"。除了显赫世族，一般人无立足之地。

一户普通民宅叫价一千多贯，豪宅更是贵至上万贯。

据《宋史·职官志》记载，北宋宰相、枢密使月俸300贯，中下层官吏月俸为20到60贯。《宋会要辑稿》记载，宋徽宗时期朝廷的雇工月薪只有3贯多。普通人想买套房得不吃不喝奋斗30多年。还有更贵的房子，宋徽宗政和七年（1117年）时淮南转运使张根说过："一第无虑数十万缗，稍增雄丽，非百万不可。"意思是一套房带装修需要100万贯。

很多宋朝高官买不起房，如欧阳修、苏辙和副宰相杨砺，都只能租住在陋巷里。

朱熹考证说："且如祖宗朝，百官都无屋住，虽宰执亦是赁屋。"就连宰相也是租房族。

朝廷为调控房产市场，还多次推出限购政策，"禁内外臣市官田宅"。即不准官员购买官府出让的公房。"诏现任近臣除所居外，无得于京师置屋。"即不准高官在京城购买第二套住宅。

你先去找中介了解房市。

那时所有的房产交易都必须通过中介进行，《宋刑统》规定："田宅交易，须凭牙保，违者准盗论。"不找中介，交易非法。

宋时的房产中介身兼房产经纪人、房产评估师、房产登记代理人和税务稽查员四职于一身，不吃皇粮只以佣金为生，但要替朝廷跑腿催缴契税。

那时的房产契税很高，从百分之六直到百分之十几："官所取过多，并郡邑导行之费，盖百分用其十五六。"增值税百分之十五六。

那时没有房产证，只以买卖合同为据，不盖章的合同叫"白契"，盖了章的叫"赤契"，只有赤契具有法律效力。

交易前要先"遍问亲邻"。《宋刑统》规定："应典卖、倚当物业，先问房亲，房亲不买，次问四邻，四邻不要，他人并得交易。"房亲和邻居有优先购买权。

确定产权、交易权没问题后，从官方购买"定帖"，官方审核通过后再购买"正契"四份，签字缴税后报官衙，由官方盖章确认，称为"印契"。盖完章后正契买卖双方各一份，一份留

宋·赵大亨《薇省黄昏图》

衙，一份交商税院备案。

嗯。流程清楚了，房源也有了，只剩一个问题：没钱。

爹爹要给你钱，被你拒绝了："资助了我，兄弟姐妹们肯定也跟着要买，那时您怎么办？"

妻子说："咱们那点积蓄仅够家用，如果你当初也跟他们一样收些例钱，今日也不至如此窘迫。"

见你不高兴了，她又说："无所谓啦，要不还是租房吧！大家都在租。"

真要租时她又说："老鼠都自己有洞。"

你一时逞能撂下的话，转眼遭"打脸"了。你没想到京城的房价这样贵，也没想到没钱的滋味这样浓烈。

其实还有一种途径：典房。先把钱预支给急用钱的房东，双方签订典房合同，约定回赎日期，到期后房子交出钱原数拿回，一方省了租金一方救了急，两全其美。可是，典房的钱也远远不够。

要不跟着家族去经商？那时并未严格禁止官员经商。爹爹几次邀你加入工坊，你都拒绝了。

宋朝是个重商的朝代，全民经商，一路商机。无论君主还是官员都不以言商为耻，史书记载，监察御史张白"假贷官钱二百贯籴粟麦以射利"。用公款倒卖粮食。

宰相丁谓也在京城购地搞房产开发。虽然朝廷也有法律制约，但大家都心照不宣，假装不知道。

但你嫌经商费时，还是想把主要精力放在读书上。

要不买彩票？宋朝时也有彩票活动，叫作"关扑"。比如你想买一匹马，可以市价买，也可以进行"关扑"交易。双方约定赌规赌注，然后投掷铜钱，正面曰"字"，背面曰"纯"，投掷一组铜钱皆为背面称为"浑纯"，双方议定"若干纯"作为输赢倍数，买方赢了得马并收回押注，输了押注归卖方。香车豪宅良田歌姬，没什么不可以关扑，只要你胆子大。

你不屑于此。那时虽没有概率之说，但你一眼看去，就知希望渺茫。

心烦闲逛时，你经过相国寺，偶遇李清照和赵明诚正在古玩摊淘宝，你退后一步，杂在人群中看。见二人淘到本古籍，兴奋不已，却似钱不够，摩挲半天又恋恋不舍放回。两人的恩爱、默契让你感叹不已。

看着两人消失在人群中，你笑了笑摇了摇头，似乎了却了一桩深藏的心愿。

再看妻子时，你心里悄悄涌起一种相濡以沫的柔情。这一刻你以手指心："放心，我一定会让你过上好日子的。"

你问她家里共有多少积蓄。她说："止百余贯。"你让她都拿来交给自己："暂委屈娘子一月，一月后，余交娘子万贯。"

第十四节　炒股

宋朝重商，民众都很有投资意识，有钱了就各种投资：仓储、放贷、贩运，没有人愿意让资金闲置。

期货、信托、信用支付等现代商业形态在那时均已出现，而交引铺就是宋朝的证券交易所。

交引是宋朝的特色发明，是为鼓励商人往边境运送粮草而发放的运销凭证（相当于专营许可证加提货单）。

那时盐、茶、酒、矾、铁、香药、犀象等实行榷禁制度，商人到各地榷货务交纳钱物或往边境送粮后领取交引，再凭交引到指定货场，就可以领取这些官府专营的货物贩卖。

随着经济的发展，人们发现不需要提货交易，直接进行交引的买卖就可以获利，因为见引给货，认引不认人，交引可以自由

明·仇英《清明上河图》（局部）

流通，成为当时的有价证券。

宋时的证券交易发达到各个冲要州府都设有交引铺，而京城交引铺集中的"界身"可谓是宋朝的华尔街。界身里面都是大门面、大手笔。

这些交引铺为显示自己现金流充足，都在铺面内摆出"金银及见（现）钱，谓之看垛钱"。门店内用金银现钱堆成垛，想低调？实力不允许。

一些炒家就凭借其雄厚的资金操纵市场，压低市场上的交引价，以低价购入再高价卖出，"券至京师，为南商所抑，茶每直十万，止售钱三千，富人乘时收蓄，转取厚利"。

为限制这些大铺商操纵交引价格扰乱市场，宋朝官府也设立官营的"买钞场"，市场上的交引价格过低时就加价买入，过高时就减价卖出，称为范祥钞法——官方以五百万贯做本钱，高抛低买，稳定市场价格。

官府关注和干预的只是大盘，具体到每宗每笔的交引交易，则由买卖双方自己议定。

交引铺都是大买卖，你手上那百十贯连零头都不够。

头几天你只是在铺子里静静观望。这些年你又是外任又是蜗居，现在一关注才知道，当年种师道上奏后，朝廷就把私茶法给改了。

宋朝最早实行的茶法叫交引法，从乾德二年（964年）开始，官府把各地茶叶全部集中于十三个山场和六个榷货务统一发售，商人在各地榷货务交钱或往西北沿边送粮后领取交引，凭交引再到山场和榷货务领取茶叶贩卖。

后来因为商人操纵粮价，而沿边居民领引后又不能到东南领茶，只能把交引贱卖给交引铺，所以又改为贴射法。商人先给官府缴纳一定利钱后，可以自己向茶户买茶贩卖，但须验券以防私售，这样商人又只收好茶，劣茶全留给官府，以致官府前面收的利钱不够后面亏的价差，而且私贩盛行。

崇宁二年（1103年）又改为茶引法。废除茶叶的官买官卖，商人到榷货务买茶引，凭引到产地买茶、验引、封印，然后按规定的时间、地点和数量售卖。

茶引分两种：长引期限一年，行销外路。短引行销本路，期限一季。边境实行茶马法，榷场茶叶换取战马，民用食茶不准与游牧民族交易。

交引铺内人头攒动。茶季将近，买卖的多是茶引。你袖手站在人群中，眼观六路耳听八方。铺主与茶商的博弈，围观者的眼神，投机者的表情……这些都是信息。这些人都是多年浸淫于此，就像场边凝神弓背等待出击的豹子，每句话每个动作每个眼神都不会多余。这些信息结合报价和成交量就能相互印证，透露出被各种心机和花招掩饰下的真实行情。

而那些等着用手里的交引换钱回家的外地商贩，则成了待宰的羔羊。你在三泉县当县尉时经常巡查茶场，验引缉私，对这些茶贩太了解了，哪个没有虚瞒斤两、引外夹带呢？所以他们看见你时，大都诚惶诚恐。人在这种状态时，就是透明人。那点心思嘴不说，眼睛会说。

查案久了，你一眼就能看出一个人的不对劲来。

一个茶商大大咧咧挤到柜前，把手里的十几张交引在柜面一把排开，待铺主验看了几张时，又一把收叠起来，开始讲价。

你拍拍茶商的肩膀，在他耳边说："尊驾，借一步讲话。"

来到铺外，你指着他手里的一张茶引说："就按你说的价，我买这一张。"

那人脸色变了，忙不迭掏出一锭银子塞给你："引铺杀价太狠，迫不得已出此下策，望君宽饶一步！"

宋代时伪造凭证的现象很普遍，而且花样百出："虽有输纳钞，不足据凭。盖白券可伪造。""以药涂盐钞而用，既毁抹，赊主者浸洗之，药尽去而钞不伤，虽老于其事者不能辩。"

你挡开他塞钱的手。他掩面大哭起来。

你要过那张假票两下撕了："咱不用这个，一样把钱赚了。"

你们换了家交引铺。

按约定好的步骤，他先进铺卖茶引，然后你加入，叫价买茶引。

交引铺的人不干了。茶商必须有担保，你是谁？有实力没？

那时有规定，商贩到京师榷货务清算交引时，必须有交引铺为之作保，有人担保才能领钱取货，半年不交税的，担保人交。

你一抱拳："家里有工坊，在京城大小算个买卖，也可以作保。"

双方开始叫价，随着价格一点点往上涨，铺子里的人都凑过来，屏息围观。

价格翻到一倍时，茶贩的手开始有些哆嗦了，不时以目示意，想见好就收。

你装没看见。

继续博弈，价格持续上涨。你手心也开始渗出汗来，万一对方不跟了，你拿那百十贯买吗？这一张茶引，就是上万斤茶啊！

隔手的金子不如到手的铜，还是落袋为安吧。在对方每斤又加了二十文后，你叹一声，在全场的嗟呀声中退出了。

对方也赢得窝心，黑着脸取票清算。但你知道，他们其实也赚了不少。

再者，舍友在太府寺当胥吏，前些天给你透露了一个消息：朝廷准备派员出使辽国，要给辽国天祚帝准备国礼，命太府寺下属的榷货务大量收购茶叶。这个时节旧茶早已出库，新茶还未采摘，正是茶引行情好的时候，但这些交引铺贪心太重，仗着自己知道内幕消息，和榷货务官商勾结，对这些外地茶商大肆盘剥，压价太狠，这才给了你机会。

一个月后，你领着妻子去看房。走到一户大宅院门口时，她抬头看着那墙内的飞檐古树，目光艳羡，然后低下头继续走。

你拉住她，把一把铜钥匙放到她手心："从今天起，这里就是咱家了。"

工作十余年，你终于有自己的房子了。

第四章

一蓑烟雨任平生

第一节　瓦市

你已入中年，仕途上的困顿遥遥无期，生活中的琐碎无穷无尽，你有一点累了。

你开始到瓦市听书散心。

瓦市又叫瓦舍勾栏，相当于现在的大型娱乐中心。

"瓦舍者，谓其来时瓦合，去时瓦解之义，易聚易散也。"形容忽聚忽散的人群。勾栏也叫勾阑，原意是相互勾连的栏杆，宋时指一种供艺人演出的场所，瓦市内有大小勾栏几十座，大的可容数千人，称为"象棚"。

瓦市内日夜表演杂剧、滑稽戏、歌舞、傀儡戏、皮影戏、魔术、杂技、相扑、说书等节目，"夜点红纱栀子灯，鼓乐歌笑，至三更乃罢"。夜生活，好欢乐。

没想好去看什么节目？

勾栏门口张挂着海报，写着演员姓名和献演节目，都是当时走红的一线明星——表演开膛破肚的魔术师张七圣，表演滑稽说唱的吴八儿，表演相扑武术的曹保义、俎六姐，表演悬丝傀儡戏的张金线，表演小唱的李师师、徐婆惜，表演舞旋散乐的杨望京、张真奴……

还有沙画，那时叫作沙书。还有节目主持："宋人凡勾栏未出，一老者先出，夸说大意，以求赏，谓之开呵。"节目介绍，满意了您给刷个礼物？

瓦市内还有夜市，卖药、算卦、估衣、赌博、饮食、裁剪……吃喝玩乐，应有尽有。在瓦市里休闲，不觉间一天时间就过去了，"终日居此，不觉抵暮"。

散场回家已是深夜。走在巷子里，星光把你的影子斜铺路

宋·张择端（传）《金明池争标图》　　宋·佚名《杂剧打花鼓图》

面，淡如墨晕。

刚才的喧嚣和短暂的快乐都已沉寂，你又开始想一件事：自己的路到底在哪儿？

你突然涌起一个强烈的念头，记下这一刻，记下这将被埋于历史深处的时光。

到家后你挥毫泼墨，画了一幅《月下东京图》。画完挺满意的，在窗前展开晾墨，被驴看见了。

是的，还是那头驴。已老得走不动路，张嘴已成烟熏嗓。就这一眼，让它笑出了声。

这让你重新审视自己的画，很多年没画了，是有一点生疏，得找个老师补一下。你想起李唐，他是舍友在太学时的书画老师。

据说有一次李唐在路上遇到强盗，强盗见他行囊内只有粉彩画笔，于是持刀逼问，展开一场画史上有名的"提刀对话"。

强盗问："你为什么这么穷？"

李唐说："云里烟村雨里滩，看之容易作之难。早知不入时人眼，多买胭脂画牡丹。"

强盗很惊讶："你还会作诗！作诗收入怎么样？"

李唐答："更穷。"

几番问答下来，强盗把刀一扔，跟着李唐走了。原来这个叫萧照的强盗也喜欢画画，早就听说过李唐的大名，后来经李唐传授，也成了一位画家。

再见李老师，他对你说："我可以教你，但得先考试。"

他展开《万壑松风图》说："此画奇峰耸峙，深谷幽静，因为布局精妙，用笔峭劲，似让人觉出万壑松风正推石梳树，对不对？"

你答："对！"

他说："通过！你想学什么？"

你忙说："我想画一幅能记录这个时代的画，要画得真实画得像……"

他说："除了山水我还擅长画牛，大家都说像。"

你说："我想全景展示这个时代，要全要大……"

他说："那咱们画个万牛图。"

你说："我想画出整个东京城。"

他皱眉："这样啊……推荐你去找我书画院的同事张择端。"

张择端？未曾听闻此人。

有李老师的引荐，张老师爽快地纳你为徒。他很欣赏你的想法："敢画一座城的，怕是只有你我了。"

他领着你每日外出。

他说："今日主题是看树。"于是上街看一天树。

他说："今日看屋。"于是又看一天铺面。

看桥看船看城看殿……静物看完了，又开始看驴骡。

他说："这些活物画出只有豆大，腿蹄一笔有误，则谬拙如尺。"

这是什么比例？见你不明白，他解释道："就是缺点特别突出的意思……哎呀你不懂啦！"

他认为你现在不需要懂，只需多看多画，临摹多了自然明白。于是你开始跟着他出街临摹，画树画屋画车船画宫殿，除了人，见什么画什么。

你画得疲惫了，问他："这么枯燥，还叫艺术吗？"

他说："工笔也是写意，精准才能洗练。"

你又不懂了。

画了一年，攒了无数张草稿，这才开始画人。你已经有了些心得：原来出街无数人迎面而来，都似面目模糊一闪而过，只像视界边缘的一处色斑，现在看见的每一个人，都觉五官鲜明各有特点，这就是多看多练的功效吧。

画人是个大工程，你刻苦练习，天气不好不能出街写生时，你就在家对镜画自己，画眼耳口鼻，画喜怒哀乐，镜子看久了，就看出自己这张脸，各种角度的帅来。

张择端对你的自画像一顿痛批：画脸一定要真实！

三教九流高矮胖瘦，画出人物的态容易，画神却难。你又灰心了。张择端却不知疲倦，夜以继日地画着，为画一个哺乳的妇女他抬臂虚抱，为模仿一个轿夫的神态他躬身前行。画得他蓬头垢面，状如疯魔。

他一再强调的是：真实，细节。他对你说："时间如白驹过隙，再一细想，其实就没有白驹，有的只是这过隙的白。"

你明白他的意思。时光是一种真实的空，能拥有并记住的只有生活中的各种细节。

你被他的创作激情感染：画出这座城画出这个时代，那么，这就是你的城和你的时代。奈何功力不够，短期内也难以提高。

他对你说："壮兄，你负责画树吧！"

歪脖树、护堤树、断头树，二百多棵树呢！你画好底稿让他看："有没有'碧玉妆成一树高，万条垂下绿丝绦'的意境？"

他苦着脸问："这些树为什么都一个模样？"

你得意扬扬答："因为它们都是柳树呀！"

第二节　冬至

农历是时光的脉象，日月星辰、风霜雨雪按季铺陈按历流转；农历融在中国人的血脉里，像眨眼一样无声习惯，像阳光一样古朴熟悉。

冬至到了。

这是宋时三大节日之一，冬至前夜被称为"冬除"，又称"二除夜"。"十一月冬至。京师最重此节，虽至贫者，一年之间，积累假借，至此日更易新衣，备办饮食，享祀先祖。官放关扑，庆贺往来，一如年节。"冬至时哪怕借钱也要穿新衣戴新帽、吃好喝好，像过年一样相互祝贺节日。

宋朝时冬至节要互送礼物，"最是冬至岁节，士庶所重，如馈送节仪，及举杯相庆，祭享宗祃，加于常节"。人们重视冬至，馈赠、聚餐、祭祀都更为隆重，因为冬至代表着希望，这一天后阳气上升，白天变长。

宋朝时冬至还有守冬之俗：在这一夜小孩玩耍不睡，直到天明。

据你观察，不管什么节，都是给嘴过节。

冬至时，宋人常吃馄饨，民谣这样唱："大担馄饨，一口一个。"那时的馄饨就是带汤饺子。

宋时饺子被称为"角子"，其状"形如偃月，天下通食"。冬至时宫内也要贺节，《岁时广记》记载，冬至这天，百官着盛装向天子朝贺。还要举行冬至宴："赐两府、两制宴于都亭驿，曾相主之，冬至故也。"吃饭吃饭，皇上掏钱。

不觉间，你已年至不惑。随着画作接近完成，你心中又渐渐弥漫一种空：忙完了，又该如何呢？

不同于别人在此刻的憧憬，你总止不住要想快乐之后的景象。也许这就是一种悲剧性格。

这天你上街散步，看见一群人正在听一个和尚讲禅，近前一看原来是高僧宗杲。

他正四方参学，一路上悉心讲说，诲人不倦。他对众人说："只要遵照圣人的要求去做，身体力行，就能达到修行的极高境界。"

有人讥笑："那岂不是世上人人都是圣人喽？"

宗杲正色答："本来人人都是圣人，只是难以自悟。"

你问他："那怎样才能自悟？"

他答："大疑之下，必有大悟。"

对他的话，有人沉思有人笑闹，他并不在意，念了几句偈语飘然而去："少处更减，多处又添。达磨不会，却反西天。"不会的反而得道，神不神奇？

你回想他的话，望着这宋朝的夜空，"人有心看月，月无心照人"。也许人只不过是一粒微尘，被月亮无心照亮，但也许月亮只不过是一块石头，被你的目光照亮。

张择端的长卷终于完成。

他为画卷命名"京师众相图"。

你有不同意见。你认为名字一定要显得准确显得专业！

你为他想好的名字是：一街两巷全景图像的小比例制作。

他一听有点晕，但感觉莫名有些厉害，就题上此名，进献朝廷。

宋徽宗看后大为赞赏，再一看卷名，也有点晕，思量片刻，提笔写

宋·宗杲《大慧宗杲自赞像》

下：清明上河图。

他盖上双龙印，成为此画的第一位收藏者。

这幅画是中国乃至世界画史上独一无二的现实主义风俗画卷，因为数遇刀兵、久经辗转，画的前端局部损毁，作者署名处只剩张择端三字可辨，双龙小印已经缺损。

第三节　出轨

人的想法更替时，是像浪赶上浪那样叠起，还是像风套进风那样无形？每一刻，你都以为自己看清了生活的面貌。每一刻，你都这样想：人生原来这样。但下一刻你的想法就会改变，悄然而不可阻挡。

像这未知的命运。

因为参与绘制《清明上河图》，宋徽宗龙颜大悦，你被启用为朝散郎，跟随东平府知府侯蒙去招降宋江。

宣和元年（1119年），宋廷强令梁山泊的渔民按船纳税，沉重的租税逼得人们走投无路，十一月，宋江领着一群好汉揭竿而起。史书记载，宋江聚众造反，劫掠山东一带，刀锋指处，官吏纷纷躲避。

你跟随侯蒙远赴梁山，年近七十的侯蒙却死在了半道上。你正领着人处理善后时，消息传来：宋江已被张叔夜所擒。

平定宋江起义后，朝廷大加封赏，你虽未出力，但也算赶上了好时机，被晋升为从六品的通直郎，进而有资格参加宋徽宗在太清楼招待群臣的国宴。

席上山珍海味数不胜数，"螺蛤虾鳜白、南海琼枝、东陵玉蕊，与海物惟错"。

第二天，已经成为泾国公的童贯又宴请众人，还请来李师师陪酒。

李师师是京城教坊中的头牌，"远山眉黛长，细柳腰肢袅。妆罢立春风，一笑千金少"，是当时文人雅士、公子王孙竞相争夺的对象。

她与北宋词人张先、晏几道、秦观、周邦彦等都有交往，连宋徽宗也想一睹芳容。

你头回见到这位红极一时的歌姬，第一眼望去，竟有些恍惚。

李师师举杯敬你："壮君既是文举又通武事，可钦可佩！"场面话你也会说，但这一刻，你端起酒杯才发现，你已忘言。

你还发现，眼睛会勾人。

也许是酒劲上头，你看见她的目光波浪一样朝你涌来。

几天后，你终是心猿意马，难以自持，心想：我才刚近不惑，还能抓住青春的小尾巴！就又跑去找李师师。

她正化妆，美目流转，微微一笑，让侍女给你端茶。这一

五代·周文矩（伪）《观舞仕女图》

笑，就让你准备好的借口烟消云散。

你静坐一旁等她化妆。

宋朝妇女化妆追求淡雅之美，但画眉、油面、抹粉、穿耳、涂脂、妆靥、斜红、额黄、花钿、点唇等工序一样不少。那时崇尚眉目美，将自己的眉毛剃去，再用石黛等颜料描画出眉毛，称为黛眉，"今妇人削去眉，画以墨，盖古法也"。

宋朝妇女还在眉间施以黄粉，"和风吹去眉间黄"。嘴唇则以唇脂点染成各种形状：石榴娇、大红春、小红春、万金红……

脸部化妆则有额黄、红妆、素妆、佛妆等，还有以粉点染眼角状如啼哭的泪妆，面颊微红晕染四周的檀晕妆，在眉额上点画或粘贴梅花形花钿的梅妆……

那时也有美甲，周密《癸辛杂识》中提到了"金凤染指"的具体做法。用的是凤仙花。

化妆是精密工程，似乎没完没了，但你陶然其中。女为悦己者容，她想把最美的一面展示给你看，理解！

突然侍女来报："卫尉少卿周邦彦来了。"

楼梯上脚步声响，已到门前。周邦彦是你的顶头上司，在这里遇见他实在尴尬，你四下张望想躲避一下。李师师看出你的窘态，指了指床下。

你躲在床底下，听周邦彦和李师师说笑。

昨天在朝房周少卿还训导你来着："大丈夫当远酒色，只以天下为任！"现在他的声音里已没了那种铿锵。

你趴在暗处听，心绪烦乱。

侍女又疾步进来，说了句什么，两人呼地站起。脚步声纷乱又到门前，周邦彦也躲到了床底下。

你缩起身子给他让了点地方，拱手悄声道："这么巧！"

周邦彦尴尬地点头。

你一指床外："又是谁？"

他朝上一拱手："估摸着是今上！"

宋徽宗迷恋声色犬马，后宫三千佳丽仍难以满足，经常微服游幸青楼歌馆，寻花问柳。

今儿宋徽宗给李师师带来了江南新进贡的鲜橙，让她剥了鲜橙二人分食。三更时宋徽宗要回宫了，李师师叮嘱道："现已三更，马滑霜浓。"让他一路小心。

周邦彦悄声恨："果然是青楼女子，假意虚情！"

你默默点头。

到底诗人性情，他又悄声说："此际此情，忽得诗两句。"在你耳边念了一首《少年游·并刀如水》：

"并刀如水，吴盐胜雪，纤指破新橙。锦幄初温，兽香不断，相对坐调笙。低声问：向谁行宿？城上已三更。马滑霜浓，不如休去，直是少人行。"

好诗能上头，你不由击掌怒赞。掌声惊动了外边，宋徽宗问："何处声响？"

李师师机敏过人，忙答："想是楼下更夫鼓破了。"

宋徽宗走后，你二人才灰溜溜地从床底下钻出来。都是场面上的人，灯下相见又抱拳作揖："今儿这么巧！"经此一劫，你那点花心早抛到了爪哇国。回家后看着熟睡的妻子，发现她终日为家操劳，眼角已满布细纹。

你心中大惭："余一时迷心，愧对娘子了！"

第四节　国殇

这片天空，为什么这样纯净？因为它还记着你童年时的眼睛。这片土地，为什么这样深厚？因为它埋藏着无数代祖先的人生。

这是你的天地，这是你的家园。

现在，这片天地要塌陷了。

政和元年（1111年）时宋朝派郑允中和童贯出使辽国，辽人马植夜谒童贯，献联金灭辽的计策，童贯就带马植回国面见宋徽宗，宋朝开始遣使与金国结盟夹击辽国，以期收复五代后晋割让给辽国的燕云十六州，建立"万世功业"。

宣和二年（1120年），宋朝和金国议定夹攻辽国，灭辽之后燕云地区归宋，宋将原来给辽的岁币转给金。因为辽国横亘在宋、金之间，宋、金无陆路通道，宋使只能从山东渡海到金国，所以这次结盟又被称为海上之盟。

两国缔结盟约后，开始两面出兵攻辽，宋军几十万大军两次攻打辽国京城南京（今北京），都被守军击退。而金军则势如破竹，最后拿下南京。

金军从这场战争中看透了宋朝军政腐败的虚弱本质，开始不断找借口挑衅。宣和七年（1125年），金军以张觉叛逃事件为由，派完颜宗望、完颜宗翰两路大军南下攻宋。

靖康元年（1126年）正月，金军包围汴京。时任京城四壁守御使的李纲率领军民奋勇抗敌，将金军挡在城下。

金军围城时，你也领着儿子日夜坚守在城防一线。是的，儿子也可以上前线了，他已年满二十，你也是年近五十的老人了。

儿子并未如你当年那样走仕途，而是在书院读了几年书后便开始学医。

让他学医是你的主意。他小时候有一次生病久不能愈，你辗转托人请来了当时的儿科名医钱乙。钱乙果然名不虚传，一剂汤方，药到病除。

钱乙是宋朝名医，六味地黄丸就是他发明的。

他的精妙医术让你深为钦佩。

当时你正因党争牵连，赋闲在家，仕途无望，对功名心生厌倦，就决心让儿子将来学医，无功名之烦扰又能救人于水火，功德无量。

儿子长大后，性格稳厚，精勤好学，别人看四书五经诸子百家，他看《内经》《伤寒论》《神农本草经》，是好医生苗子。

你们父子俩白天持弓携刃与攻城的金军激战，晚上值守城头，日日冒死苦战，夜夜衣不解甲，都已蓬头垢面，疲惫不堪，但只要父子平安，就没什么大不了的。

你看见儿子毫无惧色，大呼着迎向金军的刀锋箭雨，心里又是紧张又是欣慰。舍友也自愿上城御敌，在霹雳营做了一名炮手。你只见过他一面，差点没认出来：连日的激战让他的胖脸瘦了一圈，双下巴也不见了，倒让满是烟尘的脸显出一丝英气来。战事要紧无暇说话，你们俩只以目示意，擦肩而过。

夜晚父子俩背靠着背在女墙边休息，这一刻，父子两人像两个好友一样，互相托付身后事。似乎一切都已说尽，又似有无数话还未及说。这一刻你觉出，战场上的沉寂，比战马的嘶鸣声更为凄厉。

在京城军民的顽强坚守下，战争的天平已悄悄倾斜，形势开始对金军不利了。

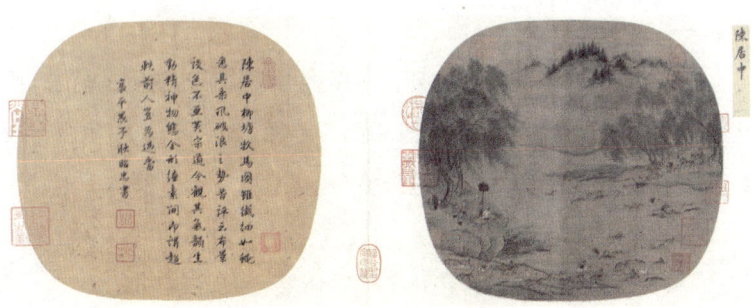

宋·陈居中《柳塘牧马图》

完颜宗望的东路孤军被困城下，完颜宗翰的西路军被阻太原，而种师道已率十万精锐西军（戍守西北边境的边防军）赶到京城，金军面临被围歼的险境。但此时，宋朝的投降派又占了上风，不但把军事机密泄露给金国奸细，致使宋军劫营失败，朝廷还解除了李纲、种师道的军权，并严令不得得罪金军。

金军的气势又嚣张起来，在城下纵马驰跃，举刀辱骂。突然城上一声炮响，硝烟中几名金将落下马来。城头上一片欢呼，金军连忙后撤。

宋朝时的霹雳炮类似于现在的烟花弹，杨万里《海𫚏赋并后序》中记载："舟中忽发一霹雳炮，盖以纸为之，而实之以石灰、硫黄。炮自空而下落水中，硫黄得水而火作，自水跳出，其声如雷，纸裂而石灰散为烟雾，眯其人马之目，人物不相见。"这种用纸壳包着石灰、硫黄做成的石灰弹，落水爆炸后形成烟雾，让对方什么都看不见。

这是世界上最早的火箭弹。

这一炮教训了狂妄的金兵，却让宋廷大为惊惶，宋钦宗忙遣使到金营赔罪："初不知其事，且将加罪其人。"我不知道这事，一定严惩那名炮手！

那名霹雳炮手被枭首处死。一队骑兵举着首级驰过城头，严禁任何人再还击敌人。城墙上的军民沉默了，你怒冲冲地看着被挂上高杆的人头，突然觉得这张脸有些熟悉。

是舍友，眼还怒睁着。

你收敛了他的尸身，和儿子换着背抬，大哭着下城。

第一次汴梁之围，以宋朝割让三个军事重镇给金国，并赔偿黄金五百万两、白银五千万两，以肃王赵枢做人质为条件，暂时解除了。

金人退兵时，宋将种师道命其弟种师中率兵护送敌军出境，待其半渡黄河时击杀，却被朝廷内的投降派压制，在黄河边竖起大旗，严令军队不准过旗杀敌，违者一律处死。

种师道又建议屯兵黄河两岸，以防金军再次入侵。投降派们却认为，如果金兵不再来就会浪费军费。种师道被气病致死。

种师道十来岁时就在与西夏的战役中立下战功。后因得罪蔡京奸党被污"诋毁先烈"，罢官十年才又遭启用。汴京被围后，宋钦宗重用李邦彦等投降派，主张割地赔款求和，种师道力争出战无济于事。他去世后，侄子护送灵柩西归时路遇强盗，强盗们听说是种师道的灵柩，都下拜致奠，并反送金钱致意。

在投降派的操纵下，主战的李纲也被逐出京城。仅仅半年后，金军又大举南侵，一路如入无人之境，再次包围京城后，提出了苛刻的停战条件：宋廷把河北、山西都割让给金国，两国以黄河为界，宋廷再赔偿一千万两黄金，两亿五千万两白银，金国还索要帛一千万匹，骡马一万匹，献给金太宗的贡女三千名，犒赏金军的少女一千五百名，还派人驻扎在汴京城内督促宋廷筹款交人。

靖康元年十二月，见宋廷凑不齐所需金银，金军纵兵入城，大肆烧杀抢劫。史书记载："二十四日，开宝寺火。二十五日，虏索国子监书出城。"次年正月："二十五日，虏索玉册、车辂、冠冕一应宫廷仪物，及女童六百人、教坊乐工数百人。二十七日，虏取内侍五十人，晚间退回三十六人。新宋门到曹门火。二十八日，虏索蔡京、王黼、童贯家姬四十七人出城。""二十七日，金兵掠巨室，火明德刘皇后家、蓝从家、孟家，沿烧数千间。斡离不掠妇女七十余人出城。"斡离不即是完颜宗望。

金兵天天抢掠、处处烧杀，罪恶滔天！

金银彩帛、粮食、法驾、卤簿、车辂、冠服、法物、礼器、祭器、乐器、文物、图书等等，都被劫掠一空，稍有姿色的妇女也都被抢去，致使许多人投水自杀。

金军退兵时，一把火焚烧了城郊的房屋。曾经繁华的东京城早已是一片废墟，饿死者日以万计，甚至发生人相食的惨剧。

金兵押着宋徽宗、宋钦宗、皇后嫔妃、皇太子、亲王、公主、宗室外戚、在京大臣、伎艺、工匠等十多万人北上，一路上百般折磨他们。经过宋金交界的白沟时，名将张叔夜仰天大呼，自缢身亡。是的，就是那个擒了宋江的张叔夜。

覆巢之下，安有完卵？十万多人到达金国京城会宁府时，只剩下四万人，嫔妃、王妃、帝姬和宗室妇女则备受凌辱，大半自尽而死，活着的沦为军妓，"十人九娼，名节既丧，身命亦亡"。

宋徽宗死后被金人架火焚烧制作灯油，宋钦宗被逼出赛马球供金主取乐，结果被乱马践踏而死。

宋徽宗在被囚五国城时写下一首悲凉的《在北题壁》：

彻夜西风撼破扉，

萧条孤馆一灯微。

家山回首三千里，

目断天南无雁飞。

国破家亡时，鲜血失色，淡如眼泪。

第五节　跟风

你无数次想过：自己是什么？是回忆机器是生物日历？是梦想家是念头库？是天般高的激情是尘般低的卑微？

答案一年年清晰了起来：你是沧桑。

靖康二年（1127）五月一日，宋徽宗诸子中唯一没有被俘虏的康王赵构，在南京应天府（今河南商丘）即位，为宋高宗，改元建炎。

当年秋天，金国以傀儡政权"大楚"皇帝张邦昌被杀为由，再次起兵南侵。宋高宗一路逃到临安（今浙江杭州），开始了与金国的长期对峙。

临安城地处太湖流域与宁绍平原两大鱼米之乡交汇处，也是大运河与浙东运河的连接点，漕运、海运十分方便，加之物产丰富，是当时中国南方最繁华的大都市，"地有湖山美，东南第一州"。

《武林旧事》载，临安城有商业四百一十四行，与高丽、波斯、大食等五十多个国家有贸易往来，酒肆茶楼艺场教坊，万物齐聚，应有尽有。

高宗南渡后开始大兴土木，增辟宫殿、宗庙、郊坛、城防等区域，形成"南宫北市"的布局：皇城、太庙、三省六部等中央官署集中在城南，市集则在城北。

城中有各种综合商业区，塌房（货栈）、瓦肆勾栏、各种工坊集中分区，如洗浴业的商肆区称为"香水行"，饮食业的称为"酒行""食饭行"，从事手工业的铺面称为"作"或"行"，如"做靴鞋者名双线行""钻珠子者名曰散儿行"……其繁华热闹，恍如东京。

"国破山河在，城春草木深。"岁月次第展开，人间旧貌新颜。也许沧桑，才是活着的唯一主题。

你携家带口也辗转逃到临安，虽然家财尽失，好在家人平安。但一大家子都靠你那点俸禄，日子很是艰难。父母已年过古稀，病痛缠身，爹爹仍爱背着手踱步，却已不再吟诵诗词，只是皱眉咳嗽。你看在眼里，沉在心中，觉出了压在肩头的重量。

近五十岁的人了，拿什么挣钱养家呢？

你在临安城转了几个月后，发现了一个本小利大周转快的行当：卖画。

爹爹当年教育你长大后不要落魄得卖酸文，现在，你开始卖酸画了。

那时大量北人南渡，临安城人口已超百万，《老学庵笔记》记载，高宗南渡，北民追随。很多翰林画院的画家流落临安，摹制《清明上河图》《金明池争标图》等描述汴京繁华景象的画卷出售，吸引了很多文人雅士购买，一时间市场上充斥着《货郎图》《卖浆图》《沽酒图》《上元赏灯图》等怀旧作品。

你抓住这一波怀旧的行情，也绘制了一幅《我在汴京骑过驴》，摆在朝天门的书画市场上试水。

临安的书画市场十分火爆，城内御街两边"有三百余人设肆"，其中很多"做画"的市肆，如纸画儿铺、陈家画团扇铺等生意都十分兴隆。钱塘门外庙会、开元寺庙会等大小集市上也有很多买卖书画的铺位。

你刚把画卷展开，就被几个牙侩（中介）围住观瞧。你从张择端那儿学到不少画技，其中最重要的就是写实。这幅骑驴图，就是照着家里那头老驴一笔一画临摹的。

该驴愈老迈，一双黑黑的大眼睛就愈显温柔。牙侩们小声议论，一个年轻点的说："远看是驴近看也是驴，可仔细一看又觉着不是驴，这是什么原因呢？"

另一个年长些的解答："因为这双眼睛，就像当年红透京师的李师师。"

这幅画被牙侩收购后，转手就卖了个高价。从此你有了专属的书画经纪人，每天催着你作画。你又创作了《我在樊楼喝过

清·萧晨《仿李唐采薇图》

酒》《我在典铺捡过漏》等一系列作品，很受那些前朝遗老遗少欢迎，并被内府收藏。宋高宗也很喜欢书画，战乱时期仍大力寻访名书名画，并遣人从市场回购，扩充库藏。

你画得顺畅卖得高兴，已俨然以画家自居，直到这天在画市上遇到李唐。

李唐衣衫褴褛，也在街边卖画，都是些怪石危峰，观者寥寥。他流落到临安后并没有去朝廷报到，而是隐姓埋名以卖画为生，直到年已八十才被太尉邵宏渊发现。邵宏渊惊呼："这是李待诏的画，李唐来临安了！"忙禀告高宗，他这才进入画院。

你把李唐请到家中，闲谈后，展开自己的画让他点评。他看

后笑而不语，拿出自己画的一幅《采薇图》让你看。

这幅画以殷末伯夷、叔齐"不食周粟"的故事为题。

伯夷、叔齐是殷侯孤竹君的两个儿子，孤竹君立三子叔齐为王位继承人，他死后叔齐要把继承权让给哥哥伯夷，伯夷坚辞不受，最后逃跑了。叔齐见哥哥跑了也离家出走，兄弟二人先后投奔了周文王姬昌。姬昌死后，儿子周武王姬发要起兵伐纣，伯夷、叔齐认为臣子造反讨伐君王属于大逆不道，拦住姬发的马头谏阻。

周武王灭纣后，伯夷、叔齐深以为耻，决心不吃从周朝土地上长出来的粮食，逃到首阳山以野菜度日，最后双双饿死山中，临死前留下一首采薇（一种野豌豆）歌："登彼西山兮，采其薇矣！以暴易暴兮，不知其非矣！神农、虞、夏，忽焉没兮，我安适归矣？于嗟徂兮，命之衰矣！"登西山以豌豆充饥，周武王以暴制暴不辨是非，古代贤君在哪里？乐土又在哪里？

当时南宋朝廷不顾爱国军民的北伐呼声，在黄天荡大捷及和尚原大捷等几次战役后军事形势占优的情况下，为求偏安一隅，不惜把唐、邓两州及陕西一半割让给金国，每年向金交纳银二十五万两、绢二十五万匹。

宋高宗还给金国统帅宗翰写信哀求："打又打不过，跑又无处跑，您最厉害！别打我啦。"

朝廷甘愿对金称臣——大宋去大字，皇帝去皇字，书用君臣之礼，有再拜等语。

称金国为"上国"，自称"下国"。

因为怕惹怒金人，反对投降的李纲也被罢官。

南宋朝廷屈辱乞怜的嘴脸让国人群情激愤，却又在高压下不敢言声。

这幅《采薇图》颂扬伯夷、叔齐宁愿饿死也不愿失去气节，李唐以此暗讽宋高宗不顾国耻家仇而屈膝求和的行为。

也暗讽你不求画品，只一心求财的行径。

你脸红了，躬身长揖后，把自己的画一把火烧了。

送走李唐后，你心底多了一份感悟。时世混乱，命运沉浮，让你渐生世事无常、命如蝼蚁的幻灭感，到了中年就渐渐体会出，人最怕的不是苦不是穷，而是这种幻灭后的空虚。而李唐和他的《采薇图》让你渐渐沉陷的心有了一处支撑：在这个乱世上，仍有一种人不怕穷苦不畏生死，只为自己的心而坚守。

这些人就像暗夜里的星光，微弱而又永恒，映照着我们这个苦难重重的民族。

建炎三年（1129年），你得到消息，陈禾病逝了。

你们本是同科进士，他官授郓州司法，后升太学正、监察御史，性格正直磊落。

遥想当年，他与你在琼林宴上，一起举杯痛饮。往事历历，不由让人心潮汹涌。

你斟满酒杯，举过头顶遥奠他："秀实兄，弟敬你一杯！"

第六节　生死

人的生命是一次性的，第一次老，也是最后一次老。

岁月堆叠心底，像把石头腌成了酱。你已学会了将所有认知融会贯通，形成一种隐秘的世界观：我在日月在，我老天地老。你以为自己已能客观看待悲喜，像心里有一个阀门调节情绪。

绍兴元年（1131年），你五十二岁时，爹爹去世了。像一条常走的路被绳子般抽走，你心里一下空了。

"赫赫炎宋，专以孝治。"宋朝提倡孝道，把丧葬看成人生最重要的一件大事。亡者在心，丧事为大。

时人反对皇帝厚葬，认为"以俭安神"，却赞成民间厚葬，"人道莫先乎孝，送死尤为大事"。所以厚葬之风在宋朝盛行不衰。

因为丧葬花费巨大，致使很多宋人"死不起"，如太子少傅石中立死后，因家中无力筹措丧资，"至不能办丧"；一代大儒石介曾为葬资"叩头泣血"向人求助。许多家庭借债办丧，甚至变卖田产。

爹爹病重时，虽口不能言，但心里是清醒的。他尽力抬指示意，你不懂他想要什么，百试不对，徒然用双手掬住他颤抖的手。

他用指尖在你掌心，慢慢写下一个"火"字。他知道你的难处，想要最俭省的火葬。

中国古代社会强调入土为安："父母全而生之，子全而归之，可谓孝矣。"

到宋朝时开始盛行火葬。《东都事略》记载："近代以来，遵用夷法，率多火葬。"

很多州县在禅院、寺庙都设有"焚化院""化人亭"，而宋代士大夫们则反对火葬。"古人之法，必犯大恶则焚其尸。"这些人宣称古代恶贯满盈者才火葬！

朝廷也多次下令禁止火葬，但因为当时土地多在私人手里，想买一块风水宝地作为墓地花费巨大，一般家庭根本负担不起。

　　除了墓地，为亡者做超度法事的开支也不少，有些世家大族请僧道为亡者诵经设斋，少的数人，多的上千上万，称为"千人斋""万人斋"，时间最少七天，多则四十九天甚至上百天。还有寿棺，讲究用贵重的楠木，还有殓衣、明器等开销。宋人盛行用金、银、铜、漆、角等器物陪葬，"以尽力丰侈为孝"。

　　爹爹还在你手心写了一个"书"字。盛他骨灰的陶罐前，只需要一卷诗书。

　　你忍住泪水。你也是一位父亲，懂得这深厚的父爱，像一种心底的疼，只有死亡才能治愈。

　　古代至亲去世后，人们会在家里供奉画像，相当于现在的遗照。《三国志·魏志》中记载："数年卒官，吏民悲感如丧亲戚，图画其形，思其遗像。"没有画像，也要在家中供奉亡亲牌位。有的家庭除了祖先牌位，还在家中供奉神像和土地，

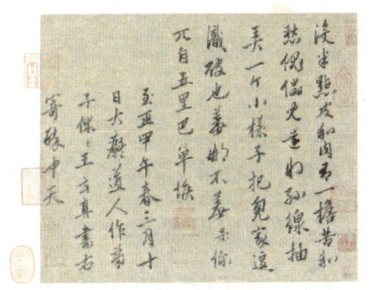 

宋·李嵩《骷髅幻戏图》

按天地人三才相配摆设在正堂。每年忌日、清明、端午、寒衣节和小年时会在牌位前摆放香烛供品，或者到墓前化纸祭拜亡亲。

汉代时就有"编户齐民"的户籍制度，人出生要报户口，死亡要登记销户："死亡生长，以时书落。"

办完丧事后你在家守孝。

古代官员父母去世时，必须辞官回家守孝三年，称为"丁忧"，也叫"丁艰"。儿子遇父丧或承重孙（如果长子先于其父母去世，由嫡长孙代替其父为祖父母服丧三年，称为承重孙）遇祖父丧称为丁外艰，儿子遇母丧或承重孙遇祖母丧称丁内艰。

古人认为，小孩出生后三年内都需要父母时刻照料，所以父母去世后，儿子也应当还报三年，不出外不应酬，在坟前搭棚居住，"卧苫枕块"。也就是睡草席枕砖头，不听音乐不喝酒不洗澡不剃头不更衣……用这种婴孩般的混沌状态表达哀思。

宋朝时丁忧改为文官守孝二十七个月（不计算闰月），武官不离任，而是给假一百天。

《宋史》记载："川陕、广南、福建路官，丁忧不得离任。"也就是说，要害部门不准请假！

时光静到残忍。

爹爹病时虽然无法交流，但不管你身在何处，一想起家里有个他，正静静坐在角落里，默然如家里的四壁和屋顶，你心里就安然了。现在他走了，家里的边边角角仍充斥着他的气息，只是再没有他了。

好在新生命的诞生，给你带来了一丝安慰。

丧事前儿媳妇就挺着大肚子。生命多么奇妙，希望无声萌发。还记得当年妻子怀孕时，你看着她日渐沉重的身姿，欣喜之余，还有一种莫名其妙的焦虑。

现在你已当爷爷了。儿子把婴儿抱给你看。小家伙眯着眼斜瞥四周，似乎很不满意，哇的一声大哭起来。就这一声，让你心中所有的悲伤和积尘都消融了。

你添了个孙女。

中国古代封建社会普遍重男轻女，到宋代时盛行婚姻论财，厚嫁成风，但在宋代两京及经济繁荣的两浙地区，越来越多的女性走上社会，从事文化娱乐和服务业，因为收入可观，所以这些地区倒是不重生男重生女。"京都中下之户，不重生男，每生女，则爱护如捧璧擎珠。甫长成，则随其姿质，教以艺业，用备士大夫采拾娱侍，名目不一。"

据《武林旧事》记载，仅临安一城就有瓦市勾栏几十处，官库、酒楼数十处，歌馆数十处。这些行业活跃着多少当红女星！

你对儿子说："我孙女将来学不学才艺，随其喜好！"

你对儿子说："我孙女将来只需学会一种技能，那就是高兴！"

你对儿子说："我孙女将来……"

你觉不出自己的啰唆，你认为只要是和孙女有关的，每句话都事关重大，每件事都刻不容缓。

你还责怪儿子，没在媳妇怀孕时施行胎教。

中国古代十分重视胎教，汉代《新书》记载："胎教之道，书之玉版，藏之金匮，置之宗庙，以为后世戒。"

当时的胎教主要指通过规范孕妇的言论行动，让胎儿在母腹内受到感化。

到宋朝时"胎孕之教"已十分盛行，有专门的研究和论著，规程繁杂：住安静的房子，听美好的语言，听诗书说礼乐，耳清目净，这样孩子就会敦厚孝顺，福寿双全。甚至孕妇的站立、坐卧、饮食都有规范。

儿子一摊手："既已如此，如之奈何？"

你大手一挥："没有胎教还有幼教，交给我了！"

世事轮回。你小时候有多淘气，现在就有多小心。抱着粉嘟嘟的小孙女，你恨不能蹲着走。

小丫头长得飞快，能在你茶杯里放虫子了，能在你午睡时揪胡子了，能在你要讲书时把《千字文》藏起来了……你怕她哭又不敢骂，怕她摔又不敢追，她爹知道了你还得帮她圆谎……

你似乎看见老秀才站在云端瞅你，拈须微笑："该！"

绍兴五年（1135年），杨时逝世。消息传来，你面朝将乐县的方向，回想先生和你的数次相遇，回想先生对你的谆谆教诲，忍不住失声痛哭。

看见你哭，孙女害怕了，抱着你的腿也哭起来。你忙抱起她哄："不怕不怕！爷爷没事，是眼睛进虫子啦！"

她歪着头看："在哪儿？"

你对着手掌吹口气："它藏到时间里了！再过几十年，你就能看见啦！"

第七节　养生

伸出手，摸一摸时间。

摸到空。

你有没有想过：这是谁家的空？

这无主的空浩瀚的空永远的空，就是世界的全部基础。

伸出手，摸一摸自己。

这无边空虚中的一粒有，这要吃要喝要夸奖的小动物，以前从没有过，往后也不再有。

爱自己吧。

人活七十古来稀，你开始注重养生。你必须再活一百年，要不然孙女谁照看？

至于儿子，你认为，他虽然年龄很大了，其实年龄还很小。这种数学只有当父母的才会懂。

宋人对养生非常重视。

苏轼说过："善养生者，慎起居，节饮食……"也就是，起居饮食要注意。

宋人认为"病从口入"，所以很讲究饮食养生，饮食补充人体的气血精髓和肌肉……简单点说——人是铁，饭是一切。

食物要新鲜干净，饮食要节制，最好是蔬果素食。饭后还要散步消化。

而且不能吃生冷食品，特别是冬天不能饮凉酒，所以有温酒的风俗，即便是梁山上的莽汉进了酒馆也要招呼："速暖两杯酒来！"

宋朝时已有很多食疗养生的著作，《太平圣惠方》记载，瘅症（糖尿病）患者要多喝牛奶，水肿病患者要吃鲤鱼粥……

清·禹之鼎《春泉洗药图卷》（局部）

《养老奉亲书》记载，老人吃饭要温软，女人补血要温凉。

养成良好的起居习惯也很重要。宋人有早睡早起和午睡的习惯，而且午睡时间不短。

那时就有保健操，称为"导引术"。根据二十四个节气创立的二十四势坐式导引功法，有按摩、捶背、伸展四肢、伸头转颈、仰卧等，配合叩齿、吐纳、漱咽等动作，简单易行，你每天练一遍。

那时也有八段锦："自是令席于床下，正睡熟时，呼之无不应。尝以夜半时起坐，嘘吸按摩，行所谓八段锦者。"半夜练功，吐纳按摩。

还有推拿术，以按摩脚心、腰眼、眼窝、腹部等处为主，全

身每个角落都按摩到，这是治病的良方。

你没那闲钱请按摩师，就自己解决，每日五更两脚相对按摩此穴，直到出汗。按摩完神清气爽。

宋朝时就流行气功。

据说有一个叫陈抟的人，服气辟谷，一睡三年。

在宋朝，有趣的事大多，不能少了苏轼，他就曾自创以闭吸内视、调息漱津为主的静坐养生功，习练一段时间后他写诗总结心得："无事此静坐，一日似两日。若活七十年，便是百四十。"

要想健康长寿，养成良好的个人卫生习惯很重要。宋人讲究洗面、刷牙、洗手、洗足、洗澡，《马可·波罗游记》记载，杭州人皆习惯每日洗澡，不先行沐浴就不用膳。

据说杭州城名为"香水行"的澡堂有三千多所，以门口悬挂壶或瓢勺为标志。澡堂内不但提供茶酒水果，还有揩背、修甲、按摩服务。

对此，苏轼还写了首《如梦令·水垢何曾相受》：

"水垢何曾相受。细看两俱无有。寄语揩背人，尽日劳君挥肘。轻手，轻手。居士本来无垢。"

全词就一个意思——师傅轻一点！

你家离"浴堂巷"不远，每隔三五日，你就拿上十文"汤钱"，带上皂荚、澡豆去泡香汤浴。

皂荚就是皂角树的果荚，可以洗发去油。澡豆则是用豌豆研磨成粉，加入各种香料药材制成的。

宋朝时也有"肥皂"，也叫"肥珠子"。将肉皂角捣烂加入香草制成球状，用来洗面洁身不但去垢而且腻润。

晨起洗面饭后漱口，回家洗手早晚刷牙。你认真保持这些好习惯，争取做一个干净结实的小老头！

儿子常为你做一些补气养神的药膳。他的中医行当是个老来红的行当，初到临安时无人请问，诊治了左邻右舍一些急症后，慢慢有了名气，开始在家坐医。

儿子很喜欢自己的职业，因为喜欢所以精进，医术也愈见高明。

第八节　旅游去

人生要是腿做主，山似席纹云似履。

儿子要带你们老两口出去旅游。

宋朝因为经济文化繁荣发达，从皇亲贵胄到士农工商，从耄耋老者到豆蔻少年，都十分喜欢旅游。金明池水戏、琼林苑锦道、元宵灯市、洛阳花会、西湖赏荷、钱塘观潮……莫不是全民狂欢的旅游节。

你在东京时，每年三月都要携家带口到金明池看水军争标和歌舞百戏。金明池是京城顺天门外一座巨型皇家水景园林，池中有数百步长的"骆驼虹"拱桥，还有五座雄伟的大殿，每年三月二十日皇帝都会亲临水殿观看表演。这一天，御林军们个个头上插花，身着锦绣，龙船队往来穿梭刀甲明亮，争夺挂在长竿头的织锦（现在的锦标赛之名即源于此）。还有百戏表演，有叫作"水傀儡"的木偶戏，有叫作"水秋千"的秋千跳水……廊下搏戏饮食，池边鼓乐喧天，一派万民同欢的盛世华景。

"二十余年成一梦，梦中犹记水秋千。"只有春暖花开依旧，提醒你：逛去！

南宋小朝廷蜗居临安府，小日子一样过得很滋润，在西湖上修建了多所御园。史载宋孝宗"游幸湖山"时，"龙舟太半没西湖"。

皇帝逛得，我们为什么逛不得？百姓们"寻芳讨胜"，"极意纵游"，西湖泛舟、普照寻禅、钱塘弄潮……仅《武林旧事》中记录的湖山胜景就多达452处，现在的西湖十景、桂林八景等，都是宋人发掘出来的。

南宋时已有以导游为业的"闲人"："专精陪侍，涉富豪子弟郎君游宴执役"，还有名为"地经""里程图"的旅游地图，标明杭州的道路和旅店，十分方便。

你最爱看的是钱塘弄潮。每年八月十八，钱塘江上都要举行水军演习，舟楫对列按阵进退，鸣锣放炮飞箭如雨，看得人心潮澎湃。演习结束，"滔天浊浪排空来，翻江倒海山为摧"，这时就有数百文身健儿跃入水中迎潮而上，有的踩木冲浪，有的挥舞彩旗，以出水旗角不湿为技艺高明，看得人心惊胆跳。

弄潮儿一说即由此而来。

儿子说："世界这么大，别光看脚下。"要带你们环游全国。

南宋时将全国行政区划为十六路［嘉定元年（1208年）后，又把利州路分为利州东路和利州西路，自此全国分为十七路］，你们计划先沿江南东路、淮南西路一路向西直到成都府路，然后南下至广南西路再转向东方，经广南东路、福建路、两浙东路回家。

儿子说："让我们在大地上画一个圆。"

你说："让我们把烦恼留到圆外边。"

老伴不同意："走那么远？吃住行怎么解决？"

吃好办。随身带嘴，遍地有碗。南宋时旅游胜地的餐饮业十分发达，"两两三三争买花，青楼酒旗三百家"。门店遍布，种类繁多：螺蛳肉、杏片、香药脆梅、旋切鱼脍、水饭、盐鸭卵、饶梅花酒……只有想不到的，没有吃不到的。

住也方便。宋时把旅店称为"逆旅"，分官办和私营两类，官办的规模大装修好，但主要接待官员使臣；私营的分布广价格灵活，"邸店如云屯"，只要有钱，任君选择。还有遍布名山大川的寺观禅院，随时敞开大门欢迎行路人。

行有腿，有船、车、轿，还有牛、马、驴、骡、骆驼，想去哪儿？想躺着到达？

安排！

船有湖船、落脚头船、大滩船、舫船、飞篷船……还有脚踏驱动的车船，"其速如飞"。内河航运有"岸夹"（避风港），出海远航有泉州、明州、广州等世界上的大港口，你想去非洲还是西亚？

安排！

车有太平车、平头车、牛马车、驴骡车……轿有山轿、凉轿、暖轿、梯轿……宋时无论城市乡镇、长途短途，租赁轿子十分方便，价格低廉，轿子和轿夫还可以按价格自选组合。

宋朝的轿子东汉的驴都是中国古代的共享单车。

绍兴二十五年（1155年），你们装好行囊选定吉时，出发！

园林亭台、楼阁古迹、寺庙宫观、山水洞岩……这一路逛了个不亦乐乎。

登多景楼："云乱水光浮紫翠，天含山气入青红。"

题西林壁："横看成岭侧成峰，远近高低各不同。"

谒崇德庙："不知新涨高几画，但觉楼前奔万雷。"

爬百丈山："日月每从肩上过，山河长在掌中看。"

望岳阳楼："眼界不知多少远，望中幽鸟暮飞还。"

泛舟漓江："两岸晓霞千里草，半帆斜日一江风。"

……

十里不同风，百里不同俗。比较起来，还是成都人会玩：正月灯市，二月花市，三月蚕市，四月锦市，五月扇市，六月香市，七月七宝市，八月桂市，九月药市，十月酒市，十一月梅市，十二月桃符市。月月过节，天天集市。据说当地官员觉着太

明·仇英《春游晚归图》

闹腾，曾上书宋真宗求禁止，结果皇帝说："远方各从其俗，不可禁也。"意思是：玩去吧！

旅游真好。

怪不得宋朝时就有人贷款旅游："至如贫者，亦解质借兑，带妻挟子，竟日嬉游，不醉不归。"借钱旅游，全家狂欢。

这一日游都江堰，看着分江的离堆，听着震耳的涛声，一同观景的一个少年忽然举手向天，朗声说道："不恨古人吾不见，恨古人、不见吾狂耳！"

你心下大奇，上前问少年姓名。才知他叫辛弃疾，生于金国，自小目睹金人统治下汉人的屈辱痛苦，常常"登高望远，指画河山"，立下了恢复中原、报国雪耻的大志。

你问他何出此言，他一指河山："我见青山多妩媚，料青山见我应如是。"

看着少年英武的面庞，你不由想起自己年轻时在三泉县的时光，顿时心潮汹涌。

你七十五岁了，但豪气还在。古人说豪气干云，对你来说：低了。

逛到广州，正准备渡海登琼州（海南岛）时，老伴却突然病倒了。

第九节　致命疾病

人活着，也许只是为了告别。

儿子给老伴诊脉："苔白脉浮，当属风寒。"煎了姜汤服下让发汗，他又飞一般跑去药店买药。

宋代重医，官府在地方设立"医学"，派驻"医官"，并在各地设立太平惠民和剂局（平价药店），派专人二十四小时值守，以市价的三分之一卖药给百姓。药店有各种验方成药，藿香正气散、至宝丹、牛黄清心丹、四物汤、苏合香丸、逍遥散等中成药在当时已广为普及。

每年暑热疾疫流行之季，药店还会派出医疗队到各地巡诊。医生领着兵丁，兵丁挑着药担，遇到患者随时发放，一直持续到入秋。

宋朝统治者以仁治国，恤贫疗疾，既是为了稳固自己的统治基础，也与宋帝好医有关。历史上就有"宋太祖用艾草为弟治病"的典故，而宋太宗也曾到处搜集医术方药，并亲自检验药效。"上有所好，下必甚焉"，"进则救世，退则救民"成为宋朝的风尚，很多士大夫都兼修医学，"朝廷兴建医学，教养士类，使习儒术，通黄素，明诊疗而施于疾病，谓之儒医"，苏轼、沈括、朱熹、王安石、欧阳修等大儒都通医术。

离你暂住的旅店不远，广州城内的南濠街就有一家官办的和剂局。买来了金沸草散让老伴服下，儿子衣不解带在床前看护。

虽然施治准确，奈何老伴年事已高，又兼一路跋涉劳顿，病势渐渐沉重了。

你把儿子叫到屋外说："生死无常，各安天命，你给我说实话。"

他不言语，眼圈一点点红了。

也许医生最怕的，就是这种无力感。

宋代医学较前朝有很大发展，已形成了体系化研究，将疾病分为风症、伤寒、一切痛、痰饮、诸虚、痼冷、积热、泻痢、眼目疾、咽喉口齿、杂病等大类，摸索出近千种验方成药，并有很多医学专著传世。但相较现代医学，宋代的医疗水平仍很低下，除了风（中风）、痨（结核病）、臌（肝病）、膈（胃癌）这古代四大绝症，天花、破伤风、瘴气、伤寒等等，都能要人性命。很多病如果靠自身免疫力扛不过去，就只能求助巫医神佛了。

旅店老板推荐了一位习练神霄五雷术的张天师来抓疬鬼。天师貌相威严，一边闭目喃喃，"以吾元命，召彼虚无"，一边舞剑焚符。

折腾半天，老伴被香灰符水呛得咳嗽更严重了。天师也不解释，收了谢金昂然而去。

当夜老伴对你说："回家吧。"

雇了牛车缓缓北上。你一路焦心怕她撑不到家。儿子一路自责，认为祸起自己。这一日她精神突然好转，让你把她扶坐起来。

明·仇英《二十四孝图册·行佣供母》

你指给她看远处的清凉峰："就要到家了！"

她微笑着看，慢慢闭上了眼睛。

人活着，也许只是为了孤单。

这已是你第三个离去的亲人。母亲已于绍兴九年（1139年）去世，老伴走后你觉得自己似乎沉入水中，就要被这冰冷死寂的时光窒息了。幸亏小孙女让你牵心，这才一点点缓解过来。

能缓解离丧的，唯有至亲。你看着小孙女想，总有一天她会问爷爷去哪儿了，会哭会想念然后会渐渐淡忘。也许这就是人生：悲伤也有保质期。也许这就是时光：拥有的只是眼前。

你一天天一点点、艰难而又自然地想通了。

葬礼过后很久，你仍不能习惯没有她的日子。总觉推窗开门之际，就能又看见她。像左右手，一念之间就能在黑暗中相握在一起。

却没有，你只能惶然四顾。儿子见你日渐沉默心下不安，就劝你填房（再娶）。你忙摇头："这般年纪，无此心思。"

他又劝你纳妾："只为照顾爹爹起居，也可相顾言语。"

宋代士人纳妾成风。有些人纳妾是因为贪恋美色；有些人是因为正室不育，纳妾以延续香火；有些人纳妾只是为了显示身份。有专门买卖姬妾的市场，百贯左右就能买到一个美妾。朋友间还能互相赠予。

妾在家里的地位相当于奴仆。花些许银钱，一顶小轿抬入侧门，无须拜父母等仪式，只需向正室磕头进茶，就算是入门了。

妻子也曾劝过你纳妾，以从官场之风，你哈哈一笑："今生有你足矣！"

往事历历，如在眼前。你微微摆手，让儿子休要再提此事。

你说："只要我在，她就仍在。"

几年后的一天你在茶肆闲坐，店内"敲打响盏歌卖"，唱的是汴京时期的词曲。听得你心绪起伏，就见对桌一老汉怔怔听着，眼角明晃晃淌下泪来。

你问他："从北边来的？"

他点头，一只手掩在唇前。

像一线蛛丝牵动尘封多年的回忆，你心中一动细细看他：上唇完好，只隐隐有一线暗痕。

试着问时，果然是你小时候那个兔缺同桌，隔了大半生，竟然又再见了！

当年他随家人到庞安时处求医，庞安时为他引荐了一位擅长补唇的师兄，手到病除。

你感慨万千，为他高兴，也为逝去的妻子伤心：如果能多活几年，也许就不会因一场小小的伤寒失去性命。

那么自己呢？你攥起拳头给自己鼓劲：只要坚持就有机会！有不断进步的医学，有孝顺体贴的家人，活到百岁不是梦！

第十节　论道

老年，才是人生的黄金时代：

一、世事练达，洞悉人心。

二、该知道的都知道了，不该知道的也不想知道了。

三、再没有莫名袭来的失落，再没有患得患失的焦虑。

四、对自己不再强求，开始珍惜。

五、回忆攒够了，好的愈来愈甜，不好的也已习惯。

六、对世界不再强求：你也就这样，我原谅你了。

……

以上各条，其实都是一条——几十年拧紧的心，终于放松了。

简单点说就是：闲了。

说是闲，宋朝的官员要年满七十才能退休，你还属于在职。但因为是散官，不管事只领俸禄，你正好乐得清闲。

宋朝的官制复杂，分为职官、散官、勋官和爵位。职官又叫职事官，指具体管事，有职权和职责的官职，比如宰相、尚书、巡抚、知州等。散官则只表明官阶，相当于一个拿俸禄的荣誉称号，没有具体事务，等候朝廷差遣。

宋时官多位少，很多人一生候不到实缺。你因为党争牵连而且从不钻营，所以一直被排挤在官场的核心圈子外，只偶尔被差遣办一些闲差。

这一年，你被朝廷任命为考官，主持铨试。铨试是一种选拔初级官员的考试，《吏部侍郎章公德文行状》记载，选拔官员，要经过考试。铨试从"身、言、书、判"四个方面选拔人才：身指体貌伟岸，言指言辞辩正，书指书法遒美，判指文理优长。四者皆为优秀则中选授官。

其中一个叫朱熹的考生让你印象深刻。他在文章里说："妄佛求仙之世风，凋敝民气，耗散国力，有碍国家中兴。"拜佛求仙，浪费资源。

你深以为是。

当年宋徽宗就是因为崇尚道教，劳民伤财建艮岳，还设置道阶道学，让道箓院册封自己为"教主道君皇帝"，远贤臣近小人，任由蔡京奸党把持朝政误国乱军，以致有靖康之耻。

朱熹考试过关，被选拔为左迪功郎、泉州同安县主簿。

为避嫌疑，一直等到考试结束他要去赴任，你才召他前来

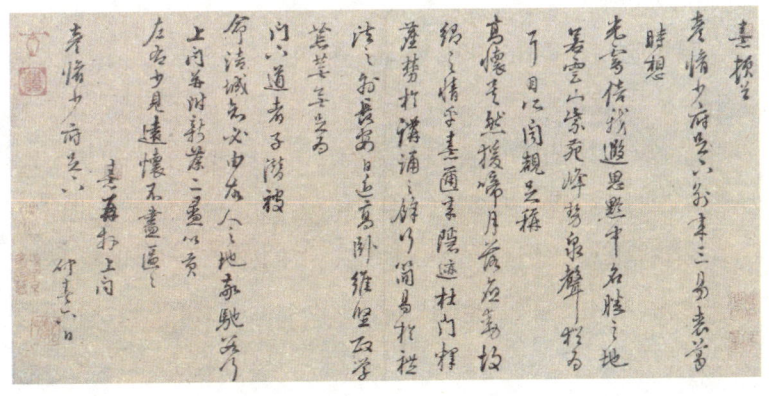

宋·朱熹《致彦修少府尺牍》

面谈。你并不想要什么提携之恩，只是单纯欣赏他。不同于别的考生只会按范文摹写，朱熹很有思想和胆气，你想当面勉励他一番。

一见他，就觉这个二十出头的年轻人气度不凡。他右眼角长着七颗黑痣，排列成北斗形状，而且言语坦率，胸怀远大。你二人谈天说地，十分投机。

与二十岁时的你相比，朱熹学识渊博谦敬敦厚，你不由暗中感慨：真君子也，将来必成大器！

第十一节　时序

暖风吹来，青山一抖。桃树开粉花，筷子要发芽，春天很忙的！

你淤积心中的暮冬感被春风吹散。立春是新的一年四季的开始，宋朝时在立春这天要举行鞭春牛的活动，寓意劝人春耕。

《瓮牖闲评》记载，立春前一天，在城东门外用泥塑一头土牛，称为"立牛"，立春当天先祭祀芒神，再由地方官执彩鞭鞭牛三匝，然后众人动手鞭牛，把土牛打得越碎越好，并将碎土块捡回家以求槽头兴旺。所以立春也叫打春，一打风调雨顺，二打国泰民安，三打五谷丰登。

民间还有关于鞭春牛的谚语："春日春风动，春江春水流，春人饮春酒，春官鞭春牛。"

我国古代很早就有鞭春牛的风俗。鞭春牛也是对牛的一种提醒：春天到了，该干活了。

到宋朝时鞭春牛已成为一种盛大的娱乐活动。《游宦纪闻》记载，立春前一天在鼓门前放置土牛，如果天气好，从下午到天明人们蜂拥围观，以图一年吉利。

街市上还有用泥、柳制作的小春牛售卖，供大家带回去赠送亲朋。这一天还要贴春牛图、宜春贴，亲朋好友间还要馈赠春盘：将蔬果糖饼堆放盘中，名为春盘，也叫五辛盘（有些地方为五种带辛辣味的蔬菜：葱、蒜、韭菜、芸苔、胡荽）。还要吃探官茧：在蚕茧形的包子馅内藏一张写着官位的纸签或小木片，以此预卜得签者将来的官位高低。

一年又一年过去，你开始敬重时序，期盼过节。你已渐渐明白，时序是自然的规律，也是生命的节奏。而寓意着吉祥的节日，不仅仅有好吃好喝好玩的，而且……还有好吃好喝好玩的！

立春过后就是二月节，也叫中和节、踏青节、青龙节。

宋书《岁时广记》引《壶中赘录》说："蜀中风俗，旧以二月二为踏青节。"这一天的任务就是逛吃逛吃逛吃……

宋代风俗要以青囊盛百合、瓜果种子相互馈赠，称为"献生子"。到二月二十五就是花朝节，宋代称为花朝、扑蝶会。这一天人们纷纷出游赏花。因为这时候是尝新菜的时节，地里野菜鲜嫩，人们结伴到野外游玩挑菜，所以也叫挑菜节。

时人诗云："海棠如醉，桃花欲暖。挑菜初闲，禁烟将近，一城丝管。"这一城丝管或许指的不是乐器，而是说野菜丝筋较多，尝鲜可以，不宜多吃。

这一天皇宫里还要举办"挑菜御宴"，邀请文武百官品尝各种时鲜蔬菜，但不能白吃，吃完要说出蔬菜的名称，并有赏有罚。

这一天临安城还要设"老君诞会"，烧个香许个愿……

到三月三是上巳节，一家老小春游，欢歌笑语一路，主要任务也是逛吃。

清明前三日就是寒食节。宋人称为"百五节""冷节""一百五"，因为这天是冬至后的第一百零五天。

寒食和冬至、元旦并称宋代三大节日。

宋时的寒食节要禁火三天，第一天为大寒食，后两天为小寒食。人们以此节纪念先贤介子推。

史籍记载，春秋时晋国公子重耳为躲避战祸而流亡他国十几

宋·苏轼《黄州寒食帖》

年，大臣介子推始终追随他左右，甚至"割股啖君"。后来重耳回到晋国，做了国君，即是晋文公，介子推却不求功名利禄归隐绵山，晋文公为了迫其出山相见让人放火烧山，但介子推坚决不下山最终被火烧死。晋文公感念其忠其志，将他葬于绵山，修祠立庙，并下令在介子推忌日这天禁止烟火只吃冷食。

　　寒食节最重要的活动就是担酒上坟。

　　宋代时从寒食前一天算起，一个月内皆可上坟祭祖，所以又称"寒食一月节"。除了祭祖，寒食节还有踏青、插柳、蹴鞠、秋千、牵钩（拔河）、斗鸡等活动，古人也是相当会玩的。

　　玩饿了怎么办？只有一个办法：吃。

　　食物在寒食前一天"炊熟日"就已准备停当，只候张嘴。

　　《东京梦华录》中记载了一种叫子推燕的食物。用面捏成飞燕用柳条串成串，插到门框上，风干后即可食用。

　　宋人认为，将子推燕风干放到次年，就能治口疮。除了子推燕，还有稠饧、鱼鹅肉、蒸糯米、鸭蛋、腊月肉、糕饼等等。因

为寒食冷吃，这几天人们不按顿吃饭，而是随饿随吃，称为"寒食十八顿"。

五月五端午节，七月七乞巧节，八月十五中秋，九月九重阳，十月一日烧衣节，十二月八日腊八节，十二月二十四交年节（小年），岁尽除夕，元日祭祖，正月十五观灯，然后就是立春，又是一年开始了。

伸出手，摸摸时间。

时间是天上的霞光，是市井的喧声，是自己渐皱的皮肤，是孙女渐高的个头，是这照耀着你温暖着你的春光，是这岩层般沉积心底的沧桑，因为忘和宽容，又一点点变瘦变软，渐渐消融。

你竟然就百岁了。

淳熙七年（1180年），今年家里要给你办百岁寿诞。

宋时人们将寿诞称为生朝、生申、生辰等。皇帝做寿称为圣节、万寿，要禁屠宰，办蔬宴，百官朝拜，奏乐献舞。大臣做寿则称千寿，也要大摆筵席，举族祝寿。那时除了寿果寿酒寿面，还以龟鹤、寿星图、百寿字作为寿礼，有些地方还在小孩额头用朱笔写"八十"字样，寓意返老还童、长生不老。

你却不让做寿。

儿子很为难："宗族亲朋、州府官员都要来贺寿，孝宗皇帝还要亲来送百岁匾，不办的话……"

你哈哈一笑："若能再活百年，倒是值得一办！"

活得久经得多了，就能觉出时光的弧度：运势。

南宋小朝廷只求偏安一隅，为此不惜向金朝称臣称侄，每年纳绢20万匹、纳银20万两。对内却横征暴敛，激起民变：淳熙六年（1179年）陈峒率众在郴州起义，李接率众在容州起义；淳熙七年（1180年）三月，黎州五部落聚众起事，四月至九月全国大旱，十一月黎州戍军兵变……盛世的表象之下已是千疮百孔，没有人知道，大宋的国运已不足百年。

回忆，是种在时间里的，愈是久远的事情愈枝繁叶茂。妻子已离世多年，和她的点点滴滴却一年年变得清晰起来。

有时你会自言自语，继续你和她的某一次争吵。你说明你总结，又模仿她的语气辩解，然后你哼一声："你要赖！但我原谅你啦！"

有时你默默坐着，回想你和她的某一次郊游，拿不准某一处细节，反复在记忆里求证，然后你叹一声："算啦！反正就要再见，到时候问你好了。"

更多时候你微微笑着，心如古井，深静无波。

天空传来雁鸣。你仰头看天上那个"人"字，忽然明白，这是老天爷写给你看的。

活人、猜人、防人、羡人、求人、学人、帮人、想人……一生只此一字。你想起一步步教导自己"明心识理"的龟山先生杨时和上蔡先生谢良佐，想起千古奇人苏东坡，想起军神种师道，想起已成当世大儒的朱熹，想起"定光佛"宗杲，想起"儿科之圣"钱乙，想起为了弹劾奸臣竟把皇帝衣袖都撕落的陈禾，想起忠勇为国却屡遭排挤的李纲，想起死不瞑目的舍友……

你朝天拱手："得遇诸君，不虚此生！"

本书参考文献

[1]陈高华，徐吉军主编.中国风俗通史丛书[M]. 上海：上海文艺出版社，2018.

[2]吴钩. 原来你是这样的宋朝[M]. 武汉：长江文艺出版社，2016.

[3]吴钩. 重新发现宋朝[M]. 北京：九州出版社，2014.

[4]伊永文. 宋代市民日常生活[M].北京：中国工人出版社，2018.

[5]吴钩. 生活在宋朝[M]. 武汉：长江文艺出版社，2015.

[6]吴钩. 宋：现代的拂晓时辰[M].桂林：广西师范大学出版社，2015.

[7]虞云国. 细说宋朝[M]. 上海：上海人民出版社，2002.

[8]黄纯艳. 论宋代的私茶法与私茶[J].云南社会科学，2000（5）.

[9]潘春燕. 宋代消防制度研究[D]. 广西师范大学，2008.

[10]邢铁. 宋代家庭研究[M]. 上海：上海人民出版社，2005.

[11]刘秋根，王文书. 宋朝的抵当所与抵当库[J].宋史研究论丛，2008.

[12]邓云特. 中国救荒史[M]. 北京：商务印书馆，2011.

[13]邱云飞. 宋朝水灾初步研究[D].郑州大学，2006.

[14]张涛. 宋代的驿传制度[J]. 东京文学，2009（4）.

[15]黄修志. 高丽使臣的"小中华馆"与朝鲜"小中华"意识的起源[J]. 古代文明，2012（4）.

[16]陈伟生. 宋朝太学教育管理研究[D]. 湖南师范大学，2007.

[17]傅璇琮，龚延明，祖慧. 宋登科记考[M]. 南京：江苏教育出版社，2005.

[18]李开周. 吃一场有趣的宋朝宴席[M]. 北京：中国法制出版社，2019.

[19]姜锡东. 宋代新兴商人资本交引铺的经营活动及其对经济生活的影响[J]. 中国经济史研究，1987（2）.

[20]金传道. 北宋书信研究[D]. 复旦大学，2008.

[21]韩毅. 论宋代医书的知识来源与流传影响[J]. 中原文化研究，2018（5）.

[22]王月华. 广府市井[N]. 广州日报，2018（6）.

[23]包伟民，尹成波. 宋代"别籍异财法"的演变及其原因阐析[N]. 浙江大学学报（人文社会科学版），2009（3）.

[24]邓洪波. 中国书院史[M]. 上海：东方出版中心，2004.

[25]石瑞丽. 论宋代招标投标制度[D]. 河南大学，2008.

宋·夏圭《高士观花图》